皇位継承

論点整理と提言

女性議員飛躍の会 編

展転社

はじめに

女性議員飛躍の会共同代表、衆議院議員　稲田朋美

昨年三月、自民党のなかに初めて女性議員だけの議員連盟「女性議員飛躍の会」を立ち上げた。

目的は女性議員を増やすことにより、「女性のいない民主主義」（前田健太郎著、岩波新書より）から脱却することだが、毎週さまざまな課題で勉強をし、新型コロナ対策では数々の提言を党と政府に行なっている。

勉強会の課題は多岐にわたるが、女性ならではの視点で、物事の本質をみる、そして既成概念や、固定観念にとらわれることなく、自由な発想で活発な議論を続けてきた。

そのなかの一つのテーマとして、「皇位継承」を取り上げ、この問題で発言されている言論人六名をお招きして講演をいただき、議論をした。

講師の先生方は、男系派、女系容認派、折衷派といらっしゃる（そんなに単純に分けられるものではない）が、それぞれが真剣にこの課題に長年取り組まれてきた、言論界を代

表する方々だ。

先生方からどうすれば日本の皇室を守り、わが国の二千年以上の圧倒的な皇統の歴史と伝統を守ることができるのかについて、貴重なご意見をお聞かせいただいた。

勉強会後に女性議員飛躍の会として提言をまとめることをしていないのは、日本の国柄、そして皇位継承という重いテーマについて、この勉強会を機会にさらに考えを深め、静かに議論を続けていきたいと考えたからだ。

私自身は二千年以上男系（父方系）で継承されてきた世界唯一の圧倒的な事実の重みと伝統を壊すことには反対の立場である。

しかし、今回の勉強会において、それぞれの立場から熱く語られる講師の先生方のお話に強く感銘を受け、女性議員飛躍の会のメンバーのみならず、多くの方々にこの問題についてさらに深く考えていただきたいし、自分自身も勉強したいと思うようになった。

執筆者の一人である、大河内茂太氏は私の秘書として、すべての勉強会を記録し、氏自身も皇位継承に深い思いと考えを常に私たちに披露してくれているが、今回大河内氏の発案で、氏の論文とともに講師の先生方の提言を一冊の本にまとめることとした。

お忙しいなか講師として会に来ていただいた六名の先生方、執筆者でもある大河内茂太秘書、そして弁護士時代から一貫して支援者であり、同志でもある相澤宏明氏に感謝する。

この一冊が日本の圧倒的に美しい伝統をどのようにして守り、そして継承していくかを考える一助になれば幸いである。

皇位継承——論点整理と提言◎目次

第四章　皇位の安定的継承のために④……所功

第五章　皇位の安定的継承のために⑤……百地章

第一章　皇位の安定的継承のために①

八幡和郎

皇室の「個人商店化」

現在の皇室制度を考える場合に頭に置いておく必要があるのは、現在の皇室制度は明治天皇のときに、かなりヨーロッパの王室制度を真似て確立されたものであるということです。明治以前、天皇は終身制ではありませんでしたし、実は皇后もありませんでした。

一方、イギリスを除く西洋の王位継承制度の原則はもともとは男系男子嫡室です。ですから、側室制度がないから男系継承は成り立たないという人がいますが、それはありえません。ヨーロッパは嫡室で継承しています。

明治天皇は、昭憲皇太后に子供が生まれなかったので側室を置きましたが、宮さまが皆側室を置いたというわけではありません。基本的には一妻だということは、明治に確立しています。

戦後、昭和二十二年に皇族を減らしすぎました。全宮家が臣籍降下となるのは危険だという意見は当時にもあったのですが、どこまでを臣籍降下させればいいのかが難しい問題でした。

また、本当は残しておきたかったかもしれないのが明治天皇と昭和天皇の血を二重に継承する東久邇家なのですが、東久邇宮稔彦王が総理大臣も経験した政治的な存在で自分も皇族を辞めたいとか言っていましたから、そこだけを残すというわけにはいきませんでした。このような事情などがあり、線が引きにくく皇族を減らしすぎたのです。

それでも大丈夫だろうと思っていたのですが、一九九〇年代になると、三笠宮家や高円宮家に女子しか生まれない、秋篠宮家も女子が続きました。そのときにこのままで大丈夫なのだろうかと心配し始めるべきだったのですが、政治的混乱期でもあったので、この問題を後回しにした結果、行き詰ってしまったわけです。

女子が九人連続で生まれたのですから、五百十二分の一の確立でしか起こらないことが起こったのです。ただし、皇室の方々の出生率は、一般人と比べても非常に低いなどもあり、必ずしも偶然というわけではなく近親結婚を繰り返したためか再生産力はDNA的に低下しているらしいのも心配です。

さて、システムとして考えた場合の今の皇室の問題点は何か。私は「個人商店化」と言っています。神武天皇以来のDNAがすばらしいから皇室がすばらしいというわけではありません。皇室には、若い皇族を立派に育て補佐するという立派なシステムがあるからすばらしいのです。

昭和天皇の周りを見てみます。田島道治侍従長の日記を見てみると「陛下、それは駄目です」とかなり言っています。入江相政侍従長もかなり言っています。和気清麻呂などもそうですが、立派な忠臣とは、「陛下、それは駄目です」と言える人なのです。ところが平成になると、陛下や皇族の言う通りに従ってしまう。だから眞子さまの婚約相手の問題のようなことが起こってくるのです。おかしなことが起きないように目配りをしたり諫言する人がいたら、起きないことです。ここは非常に大事なポイントです。

現在は、立派な組織ではなく、御主人一家とイエスマンで指示待ちの使用人のような関係になってしまっています。これを再建するというのが一番のポイントだと思っています。

皇位の継承問題

継承問題についても、そのときの天皇の子孫がいいと、周りの人が慮ってしまうことです。すると、そのときの天皇陛下には女の子しかいないから女帝容認にしようということになるのです。平成の皇室典範改正騒動も今の愛子天皇論にしてもそれだけのことなのです。

ヨーロッパの歴史では、カール六世にマリア・テレジアという女の子しかいないからということで、父親がマリア・テレジアを強引に王位につけたところ、神聖ローマ帝国は権威を失い崩壊につながりました。スペインの場合も十九世紀に同じようなことが起こって内乱になりました。正統性を欠く継承が行われると必ず反対する勢力が出てくるのです。女帝がいいかどうかは別問題として、伝統よりもそのときの帝王の子孫にこだわるとろくなことが起きません。

ときの帝王はどこの国でも人気が出ます。この間まで、週刊誌などは雅子妃殿下のことをボロクソに言っていましたが、今は掌返しをして絶賛の嵐で場合によっては上皇后陛下への批判も出てきています。次の代になると、また掌返しをするに決まっていますから、そのときの国民の希望などその場限りのものでしかありません。

昭和天皇はどう考えていたか。昭和天皇の周辺の人は「昭和天皇の男系子孫が切れたら男系男子の皇統でしかも昭和天皇の血を引く東久邇家に引き継がせられるといいのだが」と内心思われていたでしょう。平成の陛下に近い人は悠仁親王はじめお孫さんの子孫にと思う。今の陛下に近い人は愛子さまにしたいかもしれないでしょう。

しかし、皇室は特定世代の人の考えで動くべきでありません。そのときの天皇を基準に考えるのではなく、長い歴史のなかでどう評価されるかを考えなくてはなりません。そのときの陛下や皇族のことだけを考えてやると、後の世に時代はボロクソに言われることになる。

例えば、道鏡を天皇にしたいと言った称徳天皇に同調した人も、当時はいたのです。しかし、周りにそそのかされた称徳天皇は今ボロクソに言われています。

伝統的な男系継承の努力をまずすることがすべての前提です。しかし、それだけで大丈夫なのかということがあるわけですから、そのときに、女帝や女系が必要だとなれば私はそれでもいいと思うので、私は男系男子絶対論者とは少し違うのですが、その議論に直行すると、皇室の権威が落ちてしまいます。

さしあたって愛子殿下か悠仁殿下かということについては、悠仁殿下は皇嗣となる前提で育てられているので、これを変更するのはやめた方がいいと思います。その上で、もし、その後が続かなかったらということを考えるべきです。上皇陛下は八十五歳で譲位されましたが、悠仁殿下がその年齢になるのは二〇九三年です。だから、我々が議論するのは二〇九三年の問題で、しかも悠仁殿下に男の子がいなかった場合の話です。

そこにどう収斂させていくかですが、私の一つの提案は、名簿をきちんとつくりましょうということです。その上で、悠仁殿下と同じくらいの男の子を何人か、将来の宮さま候補として探していけばどうでしょうか。その有資格者は、旧宮家と、愛子殿下、眞子殿下、佳子殿下の息子と両方候補にしてよいと思います。具体的にどういう選択をするかは、悠仁殿下が即位されてなお男子がおられないときになって、つまり、二十一世紀半ば以降の日本人が決めたらいいことです。

外孫に継がせるというのは、婿養子方式よりも穏やかです。現実的には徳川家がこの方式です。この間、選挙で落選した人の父親の恒孝さんは、十七代さまの孫です。十七代さまに男の子と女の子がいましがた、男の子が若いときに死んでしまったのです。それで困ったときに、会津にお嫁に行っていた娘の息子を跡継ぎにしました。近衛家も、近衛文麿の息子の文隆さんがシベリヤ抑留中に亡くなり、その跡は細川護煕さんの弟が継いでいます。彼は近衛文麿の外孫です。ですから、婿養子方式よりも抵抗感が小さいのではないかと思います。

しかし、東久邇家は昭和天皇と明治天皇、北白川、竹田、朝香各家は明治天皇の女系子孫ですから、そのあたりを冷静に考えたらいいと思います。

女性天皇の夫の問題

女性天皇の夫の問題は調べれば調べるほど難しい。ヨーロッパでも滅茶苦茶です。例えば、エジンバラ公です。エジンバラ公が結婚したときは、プリンス・コンソートという、ヴィクトリア女王の夫と同じような立場になれると思っていました。ところが、チャーチルがその称号を与えなかったのです。これは、国家機密に触れられないということを意味します。それでフィリップ殿下は「子供の教育だけやっていろということか」とふてくされてしまい、張り切ってチャールズ皇太子にスパルタ教育をしすぎて良くなかったと言われています。

デンマーク女王の夫は「クイーンの夫はキングだから、私をキングにしてほしい」と言いました。彼は、エジンバラ公と違ってプリンス・コンソートですが、さらにキングにしてくれと言ったのです（イギリスでメアリー二世の夫がウィリアム三世となったなどの例がありますから荒唐無稽ではありません）。しかし断られたので、ふてくされて「お墓は別にしてくれ」と騒いでいます。

オランダの現在の国王の祖父はベルハルト公です。彼もふてくされて、賄賂をもらうし、女王の他に側室を王宮に住まわせたりしました。

眞子殿下の結婚相手が見つかったと思ったら、問題のある人物だった。だいたい自分で女性帝王の夫になりたいと思うのは、あまり普通でない野心家が多いのです。女性宮家などという提案がされていると、内親王と結婚すると自分が殿下になるかもしれないのですから、普通の神経の人はパスするでしょう。

ですから私は、女系を視野に入れてもいいけど、一歩引いた形で、あるとしたら外孫にした方がいい、しかも、それは悠仁殿下の後が続かなかったときということにした方がいいと思います。

旧宮家の家系

旧宮家の家系を皇族にするにしても二十歳ぐらいがいいと思います。本人に結婚などの制約があるということを納得してもらう必要があったり、本人の出来もあります。やはり子供でなく二十歳ぐらいがいいのではないかと思います。ただし、もしかしたら、自分の子供が天皇になるかもしれないと思うと、旧宮家でもそういう風に育てるのです。

皇室典範問題が話題になった十数年前、旧宮家に「皇族に戻る気がありますか」と聞いたら、皆「とんでもない」と言っていました。今、もう一度聞くと「自分たちからは望みません」と言います。もしかするとそういうことがあるかもしれないという自覚が十数年の間にできたのです。

具体的に言えば、竹田恒泰さんが皇族になるということはありません。竹田恒泰さんの子供が二十歳ぐらいのときに、皇族になる可能性があるということです。

仮に、眞子殿下と小室さんが結婚すると、小室さんを皇族にするのは勘弁してとは思いますが、その子供が品よく育つ可能性もあります。その場合、その子供が皇族になってもいいと思います。こういうぐらいに考えておいたらいいのです。

次に、明治天皇の子孫は、北白川家、浅香家、東久邇家、竹田家。さらに、東久邇家は昭和天皇の子孫でもあります。この人たちのなかから適当な人がいたら、そのまま宮さまになっていただいていいわけです。たとえば、常陸宮家を東久邇家の誰かが継ぐのは、宮さまのお姉さまの子孫なのですから違和感はないと思います。

ただし、旧宮家の男性と眞子殿下や佳子殿下のご結婚ですが、やはり近親婚は危険です。そうでなくても皇室の遺伝子の力は弱まっていますので、旧皇族のなかで血縁的に近い方とはやめた方がいいと思います。

逆にあるとすれば、旧皇族で明治天皇の子孫でない人と愛子さまや佳子さまが結婚されるなら大歓迎ですし、そういう条件に当てはまる人で好ましい年齢の方もおられます。

さらに、昭和二十二年以前に皇族から離れた方々もいます。例えば、竹田恒和さんは竹田宮の三男なので、本来であれば成人したときに伯爵になるはずでした。このような人たちがかなりいます。伊勢神宮の大宮司の宇治さんもそうです。

もう一つは、江戸時代の後陽成天皇や東山天皇の男系子孫で養子に出ている人たちがいます。例えば、住友吉左右衛門さんは東山天皇の男系の子孫です。吉左右衛門さんが天皇になるといっても国民は納得しませんが、その人の子供が愛子さまや佳子さまと結婚した子供となれば受け入れられるのではないでしょうか。

いずれにしても、私が申し上げたいのは、まずは悠仁殿下への継承までは従来原則を崩すべきでない。しかし、そのあと男系男子が続かなかったときの準備も、現在の国民感情とか言うものでなく、永い歴史のなかでの評価に耐えられるように、慎重に多角的に準備しておくべきだと言うことです。

そして、そのなかで、旧宮家か女性子孫かは、今の段階で決着を無理に付ける必要はなく両方の可能性を残したらいいのではないかと現実的判断としてすればいいのではないかと思うのです。

質疑応答

質問　宮家のスタッフ体制をきっちりとらなければならないと思います。一つ疑問に思ったことがあります。天皇になるということは、二十歳ぐらいになって意思があるから選ぶということではなく、生まれたときから定められた身分でなければならないと思います。そうでないと、それまで自由に生きてきた人間が、その人の意思によって天皇になるのであれば、旧宮家である必要はないと思います。

八幡　私が二十歳になったらと言ったのは、皇族になるという年齢です。悠仁親王殿下とほぼ同世代の皇族を何人かつくって、悠仁殿下に男子のお子さまがいなかった場合に、その皇族の子供が天皇になる準備をしたらということです。これなら、その子供が天皇になるとすれば、生まれながらの皇族です。

質問　眞子殿下、佳子殿下に皇族として残っていただく必要はあるのですか？

八幡　その必要はありません。私は公務については、結婚した女性が仕事するのは、宮内庁嘱託という形でできると思います。黒田清子さんは伊勢神宮の祭主となっていますが現在の公務もできるようにする方法はあると思います。

質問　その女性方の子孫が天皇になる可能性を考えれば、女性も皇族として残った方がいいのではないですか？

八幡　今も旧皇族でも意識が高い家はいずれ皇族に戻ることもあり得ると考えて、子供を育てています。制度として外孫を皇族にする可能性をつくれば、そのような自覚で子育てをされるでしょうし、それに相応しく育ち、かつ、本人の希望によって戻ることができる可能性を確保すればいいと思います。

それから大事なのは、悠仁殿下の帝王教育です。歴史教育や国際関係などは小和田さんを家庭教師につけたらどうかと月刊「正論」で提案しました。今上陛下から悠仁殿下にスムーズにつなぐときに役立つでしょう。

スタッフの体制は、人数ではなくて、宮内庁長官のあり方は今のままではダメです。普通の役人上がりではなく、もっと大物を就任させるべきです。例えば、かつての田島侍従長みたいな人や旧華族の人など、陛下に対してもしっかり意見できる人が必要です。

さらに、宮内庁長官の上にかつての内大臣にあたる職が必要です。

上皇陛下の時代は、総理大臣とほとんど話をしていなかったといわれています。自分の意見がおありなのは当然なのですが、それがご学友などから出てきてしまう。ヨーロッパの王室を見ると、イギリスではエリザベス女王と首相がしょっちゅう話をしています。イギリスでは政治議論までするのですが、女王が何を言ったかは口外無用なのです。女王が言ったことを選択するかどうかは首相の判断なのです。日本では天皇陛下は政治的な発言は総理にはおっしゃらないと言いますが、陛下はこうおっしゃっているということが嘘か誠か分からない形でご学友などから漏れて政治利用されていました。これは良くない。イギリスで同様なことが起これば、君主制度の存廃に議論が及ぶほどまずいことです。

今上陛下はヨーロッパの王室制度の実態を見てこられているので、安心です。ごく自然に首相と話をしている機会が多くなっていると思いますし、そうあるべきです。

皇室制度については、陛下と総理がじっくりと話して決めるべきことですし、その二人だけでなく、さまざまな人と話しながら決定すべきだと思います。

質問　小泉総理のころのことですが、宮家を復活させると財政負担が増えると財務省が反対でした。ただ、帝王学を学んでいただくためには、ある程度の財政出費がないと教育できないと思います。すると財政負担の問題が出てくると思います。

私は、遠縁での婚姻はありだと思います。そこまでやるかどうかは別にして、今だとDNA検査をして、このマッチングだと大丈夫だということもわかると思います。近親での婚姻はおかしくなるというだけで排除するのであれば、今の医学も活用すべきだと思うのですが。

八幡　今上陛下までは帝王教育がきちんとされていたと思います。しかし、秋篠宮殿下に帝王教育がなされたという形跡はありません。愛子殿下についても、帝王教育はされていません。

むしろ私は、旧華族の集まりである霞会館などを上手く活用しながら、品のいいサークルをつくって、自然な形で勉強できたり、あるいは学習院の大学院などで皇族学を勉強する仕組みなどということを考える必要があると思います。

質問　現在の日本で、長期的なリサーチをして、ヨーロッパの王室制度などを調査・研究している部署などはあるのでしょうか？

八幡　ありません。イギリスだけを知っているとかいう人はいますが、全体的にとなるとやってません。私自身のものも含めて出版物で知識を得られているのが実情だと思います。

質問　デンマークの王室が男系できていたのに一九五四年に女系なりましたが、どうしてそうなったのでしょうか。

八幡　かなり広く遠縁を探しても適任者がいなかったからです。日本には旧宮家があるのですから事情が違います。それでもプリンス・コンソートがふてくされて大騒ぎしているのです。

質問　小泉総理のころに勉強しました。私は、天皇は万世一系であり、これでつながらなければ、はたして日本に皇族は必要なのかと思いました。女性宮家ができると、私のなかでの万世一系は崩れてしまいます。しかしながら、女性宮家にも子供ができます。八幡先生はその子供も皇位継承の候補になるということですが、一度皇室に入ってしまうと、再び出ることはないと思います。それを、元宮家だからということで皇族に戻しても、国民からの理解を得るのは難しいのではないかと思います。

八幡　現在の旧宮家の人をいきなり皇族に戻すなどと誰も言っていません。まず、制度をつくって、そういうこともあるべしと言うことで子供を育ててもらい、本人がその期待に添えるような人に育ち、本人も人生に制約が出ることを納得の上で皇族になってもらい、しかも、皇位継承の可能性があるのは、そのまた子供以降の世代であるというように慎重にすべきだと言っているのです。

誰を皇族にするかは、有資格者をたくさんつくって、そのなかから、皇室会議などで決めたらいいと思います。候補者としてある程度の人数をつくる必要があると思います。

このままでいくと、悠仁殿下に男子のお子さまがいない場合は二〇七〇年代ぐらいまでに皇太子を決めることになります。そのときに誰を皇太子にするかという議論をすればいいのですが、そのための選択肢を広くするため、またはその自覚を持って育ってもらう必要があると思います。すでに申しましたが小泉総理のころの議論の後、旧皇族方の自覚が急によくなったのです。もしかして、ということもあるかもしれないということになったからです。

また、霞会が会員資格を見直したのです。それまで、旧宮家で資格があるのはご当主だけだったのですが、次男以下にも拡げたと聞いています。そういう地道な努力を積み重ねていってこそ、皇位継承の裾野が広がるのです。

歴史を見ると、従来原則を破って天皇になる場合、かなり本人の出来がよくないともたないと思います。天皇の子なら少し本人に問題があっても大丈夫ですが、従来、原則から外れた継承の場合には、本人がそれなりでないと、権威は維持できませんから、継承順位はつけずに、考えないとうまくいかないと思います。

（令和元年十月二十三日）

第二章　皇位の安定的継承のために②

高森明勅

根本的な「対立」はない

皇室の安定的な継承に向けて、本格的な議論がいよいよ政治の場で始まります。これは、平成二十九年六月に成立した皇室典範特例法の附帯決議のなかに、次のようにあったためです。「政府は、安定的な皇位継承を確保するための諸課題、女性宮家の創設等について、皇族方の御年齢からしても先延ばしすることはできない重要な課題であることに鑑み、本法施行後速やかに……検討を行い、その結果を、速やかに国会に報告する」「報告を受けた場合においては、国会は、安定的な皇位継承を確保するための方策について、『立法府の総意』が取りまとめられるよう検討を行うものとする」と。

ここでは、そうした政府・国会での議論の参考にしていただけるよう、「皇室の現在の危機の背景」と「皇位継承の安定化への具体策」について、わかりやすく整理してお話いたします。

その本題に入る前に一点、念のために述べておきたいことがあります。それはメディアなどで、このテーマをめぐり「男系派」と「女系派」が激突しているというイメージがさかんに流布されていることです。しかし、メディアが演出しているような〝根本的な対立〟はありません。

たとえば、いわゆる男系派の代表的な論客でいらっしゃる百地章先生も、ご著書の『憲法の常識　常識の憲法』（文春新書）の中で、このように書いておられます。「万一の場合には、皇統を守るために、女帝さらには女系の選択ということもあり得る」と。また、八木秀次先生も『本当に女帝を認めてもいいのか』（新書y）というご著書で、次のように書いておられました。「正直に言えば私とて、女性天皇に絶対反対というわけではない。男系継承という道を探して、万策尽きた場合には女性天皇も女系天皇もやむを得ないとは思う。……要するに優先順位の問題である」と。さらに、新田均先生も、自分は男系「絶対」主義（男系以外は一切認めない）ではなく、男系「優先」絶対主義（男系を優先するが女系の可能性も認める）だと言っておられます。

もちろん、男系派の先生方は男系継承を極力尊重しなければならないと力説強調しておられます。しかし、だからと言って女系は〝絶対不可〟とまではおっしゃっていません。この点を誤解してはならないだろうと思います。

一方、「女系以外は認めない」とか「男系よりも女系を優先する」という意味での〝女系派〟は、実はどこにもいないだろうと思います。男女を問わず「傍系」よりも「直系」

を優先すべきだという考え方はありますが。その直系派も〝直系を傍系よりも優先すべし〟という立場であって、直系以外は認めないという立場ではもちろんありません。だから、「男系派」対「女系派」という対立図式は、言ってみれば〝まぼろし〟にすぎない。正確には「男系派」対「直系派」という対立でしょうか。それも、男系「絶対」論者はあまりいないので、しばしば勘違いされているほど根本的な対立ではありません。

そのことを一点、あらかじめ申し上げて本題に入ります。

皇室の厳しい現状

まず、皇室の現状に目を向けていただきたいと思います。現在の皇室典範のルールですと、内親王と女王はご結婚とともに皇族の身分を離れられます。愛子内親王、眞子内親王、佳子内親王、それから彬子女王、瑶子女王、承子女王、各殿下方は皆さまご結婚とともに民間にお入りになるのが、今のルールです。

三十年後を考えてみますと、それらの方々はすでに皇室には残っておられない可能性が高いでしょう。そのとき、悠仁殿下を除き一番お若いのが紀子殿下で、八十四歳におなりです（悠仁殿下は四十四歳）。他の皆さまはよりご高齢ですから、皇室のご公務を担われるのはほとんど悠仁殿下お一人だけと考えなければならないでしょう。今の皇室典範がそのまま改正もされず維持された場合、そのような皇室の姿になってしまう。

そのような将来像が〝今から〟見えてしまっている場合、果たして悠仁殿下と喜んで結婚しようとする国民の女性が現れるかどうか。女性の家族も祝福して皇室に嫁がせることができるかどうか。リアルに考えると、大変難しい問題です。

天皇陛下も上皇陛下も、それぞれご結婚は難題でした。しかし、それを遥かに上回る困難さが、悠仁殿下の場合は予想されます。しかも、ご結婚相手の女性には、必ず一人以上の男子を生まなければ、それこそ二千年近く続いてきた皇室そのものを滅ぼしてしまう、という想像を絶するような強烈なプレッシャーが避けられません。そんな苛酷な条件下でも結婚を決断できる女性が現れるかどうか。もし現れなければ、もうそれだけで皇室の歴史は悠仁殿下のご生涯とともに幕を閉じることになってしまう。そういう恐ろしい将来をきちんと見据えて、今、何をなすべきかを判断しなければなりません。

今のルールのままでは、天皇陛下と秋篠宮殿下の〝次の世代〟で皇室を支える皇族は、悠仁殿下たったお一人であるというのが、皇室の厳しい現状です。その現状を直視するところから議論を始めるしかないのです。

では、皇室の存続それ自体が、やがて危うくなるような現状を招いた背景は、一体何なのか。次にそれについて考えましょう。

危機の背景

私は三つの要因があったと考えています。その一は、「偶然的要因」です。秋篠宮殿下ご誕生（昭和四十年）以来、四十年間にわたり女性皇族だけがお生まれになったということ（内親王四人、女王五人）。これは確率的には極めて稀《まれ》なことだったようです。でも現実にそのようなことが起こりました。今後もこうしたことが起こる可能性は当然、考慮に入れておく必要があります。

その二は何か。「政治的要因」です。よく知られているように、被占領下に占領当局の強権によって傍系の十一の宮家、五十一人の皇族が皇室から離れられました。これによって、皇族数は激減しました。当然、皇室の存続、皇位継承の将来にも大きくマイナスに作用しました。

ただし、もともと血縁の遠さゆえ、内規上も皇室から離れられるべき方々であったのも事実です。天皇からの血縁の遠さは、当時すでに十九世、二十世ですから、ほとんど他人に近い。もちろん、前近代には〝世襲親王家〟が設けられ、明治の皇室典範以来、永世皇族制を採用したため、〝名分〟上は皇族だったわけです。それでも歴史上の人物と比べると、その血縁の遠さが実感できると思います。平将門が五世（天皇の子を一世、孫を二世として）、平清盛が十一世、源頼朝が十世、足利尊氏が十五世でした。十九世とか二十世ですと、血統的には足利尊氏よりもさらに遠い方々ということになります。ちなみに過去の天皇の中で、天皇から血縁が最も遠かったのは、「王朝交替」説も唱えられた第二十六代・継体天皇で、それでも〝五世〟でした。

旧宮家の皇籍離脱の際、当時の宮内次官だった加藤進氏が「万が一にも皇位を継ぐべきときが来るかもしれないとの御自覚の下でお慎みになっていただきたい」と申しあげた一幕がありました。でも、サンフランシスコ講和条約が発効して日本が独立を回復した後も、それらの方々に皇籍復帰を求める声は挙がりませんでした。また残念ながら、必ずしも「お慎み」いただけなかった出来事もいろいろとありました。しかし、そのことを詳しく取り上げるのは控えさせていただきます。

その三はとりわけ重要です。「構造的要因」です。具体的には、側室制度がなくなり、非嫡出（正妻以外の子やその系統）の継承資格が否認されたことです。改めて言うまでもありませんが、たったお一人の正妻から必ずお一人以上の男子が何代も続いてお生まれになるということは、期待できません。そこで正妻のほかに複数の側室がいて、そのお子さま（非嫡出）にも継承資格がある――という条件でないと、「男系男子」に限定した継承は長く続きません。当たり前の話です。

「側室」不在という条件

明治の皇室典範で初めて継承資格を「男系男子」に限定しました。この典範が制定される前のいくつかの草案では、女性天皇も女系天皇も容認していました。具体的には、元老院の「日本国憲按」（明治九年）、同「国憲草案」（同十三年）、宮内省「皇室制規」（同十九年）などです。しかし、最終的には側室制度・非嫡出の継承容認と〝セット〟で、「男系男子」限定という窮屈な継承資格の〝縛り〟を設けました。

「男系男子」という明治になって新しく設けられた縛りは、あくまでも側室の存在と非嫡出の継承容認と言う〝支え〟があってこそ、長く維持できる性格のものでした。過去の実例を少し詳しく点検してみると、歴代天皇の正妻たる方のうち、三五・四%ほどは男子を生んでおられませんでした。平均して三代または二代に一人は正妻に男子がご不在ということになります。これは、医療技術の水準とか、乳幼児の死亡率などとは関係のない、厳しい現実です。それを補ったのが側室の存在であり、非嫡出による継承でした。実際に、歴代天皇の約半数は非嫡出でした。

傍系の宮家についても、もちろん事情は大きく変わりません。伏見宮《ふしみのみや》・有栖川宮《ありすがわ》・閑院宮《かんいん》・桂宮《かつら》の四世襲親王家について見ると、正妻のお子さまが宮家を継承したのが、四家合計で十五例だったのに対し、側室のお子さまが継承したのは二十一例に達しています。しかも、側室の支えがあっても、伏見宮家以外の三宮家はすべて断絶してしまいました。これらの世襲親王家の正妻たる方が、男子をお一人も生まれなかった比率は、約五四・三%に達しています。

このように見てくると、側室不在・非嫡出の継承否認という「構造的要因」がいかに深刻かつ重大であるかが理解できるはずです。「男系男子」という前例のない継承資格の縛りに加えて、側室不在・非嫡出の継承否認というこれまた前例のない、継承を〝決定的〟に困難にする条件が加わっているのですから、皇室の危機的な現状はある意味では当然の帰結とも言えると思います。

明治の典範は非嫡出の継承を制度上、容認していましたが、すでに大正天皇のときから側室は事実として不在となりました。それから昭和天皇、上皇陛下、今上陛下と四代目になります。だから今の天皇陛下に男子がおられないのは、過去の例に照らして不思議ではありません。その背景には「構造的要因」があったのです。

具体的な打開策とは

以上のように現状の危機の背景を整理した上で、では危機を打開し、皇位の安定的な継承を図るために、具体的にどうすればよいのか、本題のもう一つの論点に移りたいと思います。

これまで、皇位継承の安定化策として、主に二つの提案がなされてきました。一つは、旧宮家系国民男性が新しく皇族の身分（皇籍）を取得できるようにする制度改正案です。これまで不用意に、皇籍〝復帰〟という言葉が使われることもありました。しかし、対象となるのはかつて皇族だった方の「子や孫の世代」（天皇からの血縁の遠さは二十一世、二十二世）だから、もちろん一度も皇族だったことはない。なので、復帰ではなく「新たな取得」が正しい。もう一つは、内親王がご結婚後も皇室に残られて、宮家を立てることを可能にする提案です。冒頭にご紹介した附帯決議にある「女性宮家の創設」がこれに当たります。

以下に、これらについて検討します。しかし、その前に言っておけば、これらはそれ自体としては、必ずしも皇位の長期的な安定継承に資するものとは見なせない、ということです。少し意外な事実かも知れません。どうしてそんなことが言えるのか、これからの説明を聞いていただければお分かりいただけると思います。

まず、旧宮家系男性の皇籍取得案について。この提案には難題がいくつもあります。ここではざっと五点ほど指摘しておきます。

まず一点目。限られた対象者の中で、そのような意思をもつ方はいるのか、ということ。対象者は国民です。憲法で自由と権利が保障されています。当然ですが、どんな制度改正を行っても、皇籍取得を強制することはできない。また、憲法は横に置いても、強制によって皇族に〝させる〟というようなことが行われれば、あるいはそのような気配があっただけで、皇室に対する国民の素直な敬愛の気持ちは大きく損なわれてしまうでしょう。ですから当事者の意思が何より大切です。

しかし、昨日まで一般国民として暮らしていた方が、皇族とのご結婚という人生の一大事を介在させることもなく、いきなり制約が多く責任も重い皇族になるというのは、極めて難しい決断ではないでしょうか。先ほどもご紹介した代表的な男系派のお一人である新田氏は「特攻隊に志願していただくようなもの」と表現されています。この喩《たと》えが適切かどうかはともかく、それほど至難であることはおっしゃる通りでしょう。

実際に皇籍取得の対象になり得るのは、久邇《くに》・賀陽《かや》・東久邇・竹田の四家のみですが（すでに多くの旧宮家が断絶しています）、これまで当事者の方々からは否定的な声しか聞こえてきていません。たとえば、「拒否反応がある」（久邇邦昭氏）、「立場が違いすぎ、恐れ多い」（賀陽正憲氏）、「そんなお話になってもお断りさせていただくと思います」（東久邇征彦氏）、「仮に打診があっても受けるつもりはございません」（竹田恒泰氏）など。

二点目は、もし皇籍取得の意思をお持ちの方が現れても、皇族になられるに相応しい資質や経歴を備えておられるのかどうか。詳しくは申し上げませんが、旧宮家の中には必ずしも名誉にならない出来事を経験したケースがあります。近年でも、ご本人が大麻取締法違反で現行犯逮捕されたり、側近が多額の公金を騙し取った詐欺容疑で逮捕されたりした事件がありました。当事者の経歴や人間関係なども慎重に見極める必要があるのは言うまでもないでしょう。

皇室と国民の区別

三点目は、一、二点目のハードルをクリアして皇族の身分を取得されたとしても、幅広い国民の信頼や尊敬を得ることができるかどうか。ささいな出来事が誤解を招き、猛烈なバッシングが荒れ狂うようなことは、もともとの皇族でも、これまでに繰り返し起きた事実があります。あってはならないことですが、民間人として生まれた方が、皇族とのご結婚でもない形で皇族の仲間入りをされた場合、そうしたことが一層起こりやすくなる可能性が高いのではないでしょうか。そのことが皇室全体への受け止め方を悪化させることも懸念されます。

四点目は、皇室と国民の区別を曖昧にしないか、という問題です。前近代には、皇籍をいったん離れた方が復籍されたという異例がいくつかありました。しかし、皇室典範はそうした異例を認めてはいけないという立場です。ひとたび皇籍を離れたら、ご本人もその子孫も、皇籍を二度と取得できないという原則に立脚しています。

これはなぜかと言えば、実は古代以来、皇室の血統を受け継ぐ国民が多くいるからです。例えば、奈良時代の『古事記』に登場する二百一の氏族のうち、百七十五の氏族は皇室の血筋を引くとされていました。平安時代の『新撰姓氏録《しんせんしょうじろく》』の場合、収録された千百八十二の氏族中、朝廷によって皇室の血筋と公認された氏族（皇別《こうべつ》）が三百三十五もあります。太田亮氏『新編姓氏《せいし》家系辞書』などには、皇室の血統につながるという、おびただしい氏族名が載せられています。血統だけで言えば、「男系男子」は国民の中にも多数いるわけです。だから、国民の中からご結婚によらず皇籍を取得できる例を認めると、皇室と国民の区別、皇室それ自体の世俗を越えた「聖域」性や尊厳が、危うくなってしまう。だから、皇室典範ははっきり〝線引き〟する原則を改めて確認したのです。

具体的には皇室典範の第十五条に次のような規定があります。

「皇族以外の者及びその子孫は、女子が皇后となる場合及び皇族男子と結婚する場合を除いては、皇族となることがない」

この条文の立法理由について、法制局（内閣法制局の前身）の「皇室典範案に関する想定問答」に以下の通り説明しています。

「臣籍《しんせき》に降下したもの及びその子孫は、再び皇族となり、又は新たに皇族の身分を取得することがない原則を明らかにしたものである。蓋《けだ》し、皇位継承資格の純粋性（君臣《くんしん》の別）を保つためである」

現代の日本は、一般社会で身分制を廃止してからすでに長い歳月を経ており、しかも世俗化・情報化がますます加速しています。そんな状況下で国民として七十年以上も暮らしてきた旧宮家系の男性が、そのまま皇族になってしまうという前例を作ることは、皇室の尊厳、「聖域」性、あるいは「皇位継承資格の純粋性（君臣の別）」を保つ上で、重大な問題をはらむでしょう。

歴史上、継体天皇などのように〝一代前〟の天皇との親等がやや離れたケースでも、その方ご自身は皇族の身分を失っていなかった（しかも、皇位継承で実際に意味を持った〝過去の天皇〟との血縁は五世以内）という事実を見失ってはなりません。

戦後神道界で最大の思想家とされた葦津珍彦氏が、旧宮家の皇籍離脱からわずか七年後の昭和二十九年の時点で、このように述べておられました。

「その事情の如何《いかん》に拘《かかわ》らず、一たび皇族の地位を去られし限り、これが皇族への復籍を認めないのは、わが皇室の古くからの法である。……この法に異例がない訳ではないが、賜姓《しせい》（皇族の身分を離れること）の後に皇族に復せられた事例は極めて少ない……この不文の法は君臣の分義を厳かに守るために、極めて重要な意義を有するものであって、元皇族の復籍と云ふことは決して望むべきでない」（『天皇・神道・憲法』）

傾聴すべき指摘でしょう。

最後に五点目は、側室不在・非嫡出の継承否認という条件下では、すでに述べたような無理に無理を重ねて旧宮家系男性の皇籍取得があえて行われたと仮定しても、皇位や宮家の継承を男性だけの血統（男系）に限定していたら、過去の実例に照らして、遠くない将来には皇室は行き詰まってしまうということです。

結局、〝ふりだしに戻れ〟で「構造的要因」という壁にどうしても突き当たってしまいます。

女性宮家の検討

次に女性宮家創設案について検討します。女性宮家創設については、旧宮家系男性の皇籍取得について問題になったことのほとんどが、問題にならないということをまず指摘しておきたいと思います。

ご本人のお気持ちはもちろん重要です。これまでのルールならご結婚とともに皇族の身分を離れられる。国民の仲間入りをされる。そうすると、これまで制約されてきた自由や権利がさまざま認められることになります。そのような人生を思い描いてこられたのに、急に制度が変わって、ご結婚後もそのまま皇族にとどまられることに、にわかにご納得いただけない場合もあるかもしれません。その場合も、大変申し訳ないのですが、一般の国民とはお立場が違うので、憲法第三章に列挙してある権利や自由が、無条件で保障されるわけでは必ずしもない。皇室典範が改正されて女性宮家を創設する制度になれば、対象となる内親王方は基本的にはそれに従っていただくことになります。それが、憲法第一章の「世襲」の「象徴」天皇という仕組みを設けていることに伴う、憲法上の〝要請〟ということになるでしょう。その点は、一般国民を対象とする旧宮家案があくまでも当事者の同意を大前提とするのと異なります。

ただし、ご結婚に伴い皇族の身分をどうしても離れたいというお気持ちが強い場合は、現行の皇室典範第十一条（皇族の身分の離脱）の規定を適用して、皇籍を離脱されることになるでしょう。しかし、前提条件が旧宮家案と女性宮家案では、皇族と一般国民という、それぞれの対象者の身分の違いに対応して、まったく違う点を見逃してはなりません。

旧宮家案で取り上げた第二から第四までの問題点も、対象者が一般国民だからこそ問題視されるのであって、女性宮家の場合は何ら障害にはなりません。もちろん、女性宮家を創設する場合、対象となる内親王のご結婚が難しくなるのではないかという心配はあるでしょう。ただしくこれは旧宮家案でも同様でしょうし、あるいはこちらの方が結婚のハードルはより高くなるかもしれません。しかし、この種の問題は法や制度ではなかなか対応できない性格のものでしょう。「政治」の課題の外側にあるテーマではないでしょうか。

そんなことよりも、女性宮家を設ける場合でも、明治の皇室典範以来の「男系男子」という継承資格の〝縛り〟を維持したままでは、皇位の安定的継承には何ら貢献できない事実に目を向ける必要があります。「男子」限定のままなら、皇室にとどまる内親王はどんな場合でも、皇位を継承できません。女性宮家にめでたくお子さまがお生まれになっても、そのお子さまが男子でも女子でも、「男系」限定のままなら皇位を継承できません。結局、女性宮家は「男系男子」限定を維持したままでは、安定的な皇位継承の

ために は〝まったく〟役に立たないのです。先ほど「それ自体としては必ずしも皇位の長期的な安定継承に資するものとは見なせない」と申し上げたのは、こうした理由からでした。

ですから結局、危機打開の具体策として何としても欠かせないのは、〝皇位の継承資格〟そのものの見直しということになります。そこで、危機打開の〝切り札〟と言うべき「男系男子」限定という明治以来の継承資格の見直しの話に移ります。

前代未聞の窮屈さ

現在の皇室典範では、皇位の継承資格を次のように縛っています（第一・二・六条）。「皇統に属する（①）嫡出（②）の男系（③）の男子（④）で、現に皇族の身分をお持ちの方（⑤）」に限る、と。つまり――

①皇統
②嫡出
③男系

④男子
⑤皇族
——という五つの条件です。

率直に言って、皇室の長い歴史の中で、ここまで窮屈な条件で皇位継承資格を〝狭く〟縛ったことは、かつてありませんでした。前代未聞の窮屈さです。

まず②の縛りはすでに述べたように明治の皇室典範にはありませんでした。それ以前ももちろんありません。歴代天皇の約半数が非嫡出だったこと、正妻の三人か二人に一人は男子を生まれなかったことも申し上げました。明治の典範で初めて「男系男子」という縛りを設けた前提には、非嫡出の継承資格を認める（つまり②の条件は設けない！）という方針があったのです。

しかし、現在では②を解除することは考えられません。天皇陛下に皇后陛下以外の側室を何人も認める。皇太子殿下（今は皇嗣殿下ですが）にも妃殿下以外に何人も側室を認める。そんなことは、何より皇室ご自身がお認めにならないでしょう。国民の多数がそれを歓迎し、祝福するとも思えません。国会でそうしたことを可能にする皇室典範の改正が過半数の賛成を得るはずもないでしょう。

そもそも、自発的に側室になろうとする皇室に相応しい女性が、今後も末永く代々、必ず何人かずつ現れ続けなければ制度として意味を持ちませんが、そんなことは到底あり得ないでしょう。さらに、側室を公認するような皇室では、ご結婚自体の困難さが一層増すのは、目に見えています。また、側室制度を復活したら国際社会は日本の皇室をどのように見るでしょうか。②の縛りを解除するという選択肢は、予想し得る将来においてもまったく考えられないでしょう。

ところで、④の縛りは明治の典範で初めて設けられたものでした。過去に十代・八人の女性天皇がおられた事実はよく知られているでしょう。もともと「男子」という縛りはなかったのです。

「男系」の縛りをどう考えるか

では③はどうか。政府の公式見解でも過去の皇位継承はすべて「男系」だったと説明されています。これについては二点、申し上げておきます。一つはこれまでも述べてきたように、側室を前提として非嫡出にも継承資格を認めてきたからこそ、「男系」限定はそれなりに維持することができたという事実です。これは重大な事実です。この〝前提〟が失われた今、セットのもう一方である「男系」限定だけに固執すると、皇位継承そのものが行き詰まり、皇室の存続すら困難になってしまいます。

もう一つは、「男系」「女系」の概念規定の問題です。現在、一般に無反省に流布しているのは、男系社会である中国のような同一の男系血統の男女の結婚を禁じる条件（同姓不婚）を当然のこととした定義です。しかし、日本の皇室の場合は、中国とはまったく異なります。皇族同士のご結婚はしばしば見られただけでなく、むしろ〝望ましい〟こととされてきた伝統を持っています。父親も母親も皇族である時、その子は男系でも女系でも天皇の血統につながるわけですが、普通のケースなら父親を重視して「男系」に位置付けるのが、これまでの一般的な観念を踏まえれば当然でしょう。しかし、母親が天皇で父親が一般の皇族だったら、どちらの血統を優先すべきか。古代国家の基本法だった「大宝令」「養老令」では、そのお子さまを天皇である母親の血統と位置付ける規定がありました（「継嗣令」皇兄弟子条）。つまり、「女系」です。実例としては、第四十三代・元明天皇（女性天皇）の次にその娘だった元正天皇が即位されています。この天皇の父親は皇族の草壁皇子だったので、一般的には後世の観点から「男系」の天皇と見られています。しかし、少なくとも当時の「大宝令」による限り、明らかに「女系」だったことになります。「形式的には明治初期まで国家体制を規定する法典であり続けた」（『日本史広辞苑』山川出版）とされる「養老令」にも同じ規定があった事実は軽視できません。歴史上、少なくとも法規範としては③の縛りはなかった、と言えると思います。

一方、①と⑤の条件を外すことができないのは改めて言うまでもないでしょう。そもそも憲法に「皇位は、世襲」（第二条）と規定している以上、〝皇統〟に属していない人物が皇位を継承することは認める余地がありません。〝皇族〟でない人物についても、皇位の尊厳性を考えると、当然その即位の可能性は厳格に排除されなければなりません。

以上のように検討すると、現在の①～⑤の五つの条件のうち①②⑤はどうしても除外できません。これに対し、④はもちろん、非嫡出継承の可能性と〝セット〟で維持されてきた③も、しかるべく見直しの対象とすべきだと思います。

各種の世論調査の結果を見ましても「女性天皇」も「女系天皇」も七割から八割の国民が認めるべきだという意見です。一方、「女系」の概念を国民がよく理解できていないという結果も出ています。でもこれは、先ほど申してきたように専門家とされる人々が共有している概念規定にも未整理な部分があり、また国民の多くにとって「男系」「女系」の区別にとらわれる考え方自体が、すでに過去のものになっている事実を反映するものでしょう。国民一般にとって大切なのは「皇統に属する皇族」でいらっしゃるということです。

「国民統合の象徴」であるべき地位に男性しか即《つ》けないというのも、改めて考えてみると奇妙なことではありませんか。何しろ国民の半数は女性なのですから。また、同じ「天皇のお子さま」であっても、親の天皇が女性なら皇位継承資格が認められないというのは、圧倒的多数の国民の普通の感覚とかなりかけ離れた〝縛り〟でしょう。しかもそれは、繰り返し申し上げてきたように、歴史的に非嫡出の継承容認とセットで、かろうじて維持されてきたものでした。だから非嫡出の継承という選択肢がすでになくなった以上、皇室の存続と皇位の安定的な継承を望むのであれば、危機打開の具体策についての結論は、おのずと明らかと言うべきでしょう。なお念のために付け加えると、「男系男子」の見直しは憲法マターではなく法律マター（政府の見解）なので、皇室典範の改正だけで対処できます。

追記

一、令和二年二月十日の衆院予算委員会で、菅義偉内閣官房長官は山尾志桜里議員の質問に対し、旧宮家系男性に皇籍取得についてこれまで意向の確認をしたことがないだけでなく、今後も「考えていない」旨の答弁を行った。旧宮家系男性が国民である以上、その皇籍取得については当然、ご本人の〝同意〟が最低限の前提となる。ところが当事者に対して、意向の確認は行わないという。この答弁が虚偽でなければ、政府はすでに旧宮家案を現実的な選択肢から除外していると理解するしかないだろう。賢明な……というより、ごく当たり前の判断だろう。

二、皇室典範特例法の附帯決議について、政府は次のような答弁を繰り返してきた。「安定的な皇位の継承を維持することは、国家の基本に関わる極めて重要な問題であります。男系継承が古来例外なく維持されてきたことの重みなどを踏まえながら、慎重かつ丁寧に検討を行うことが必要であると、このように考えています。

また女性皇族の婚姻等による皇族数の減少等については、皇族方の御年齢からしても先延ばしすることはできない重要な課題であると認識しています。この課題への対応等については様々な考え方、意見があり、国民のコンセンサスを得るためには十分な分析、検討と慎重な手続きが必要であると考えております」（平成三十一年三月十三日、参院予算

委員会での安倍晋三首相の答弁）

この答弁で気になるのは、附帯決議では「安定的な皇位を確保するための諸課題」自体が「先延ばしすることはできない重要な課題」とされていたにもかかわらず「安定的な皇位の継承を維持すること」と「皇族数の減少等」という二種類の「問題（課題）」に分けられ、後者だけについて「先延ばしすることはできない」と位置付けられていることだ。政府は当面、後者のみ「検討」を行い、最も重要な前者については「先延ばし」を考えている可能性がある。しかし、それは「附帯決議の趣旨を尊重」する（安倍首相前出答弁）と繰り返してきた政府自らの答弁を裏切ることになろう。

三、以前、秋篠宮殿下がご即位を辞退される可能性について自ら言及されたとの報道があった（朝日新聞、平成三十一年四月二十一日付）。一見、突飛な報道のように受け取られたかも知れない。しかし、現在の皇室典範の規定のままでも、法的には不可能ではない（第三条。園部逸夫氏『皇室法概論』）。だから、極めて重大な報道だ。

しかし、宮内庁は結局、この報道を否定しなかった。従来、この件より重大性において遥かに下回ると見られるケースでも、厳格に否定して来ているにもかかわらず。先の報道そのものよりも、この事実が持つ意味の方が重いとも言える。

しかも、秋篠宮殿下のご年齢は、天皇陛下よりわずか五歳下でしかない。天皇陛下がもし（この度の上皇陛下のように）八十五歳で譲位されたら、その時はすでに八十歳になっておられる。ご高齢になられた場合、健康状態の個人差は大きい。畏れ多いが、過去には昭和天皇より四歳下の高松宮が、昭和天皇より二年早く亡くなられたような例もあった。客観的に考えて、八十歳（またはそれに近いご高齢）になられてからご即位いただくのは現実的ではあるまい。

そうかと言って、秋篠宮殿下のために、お元気な天皇陛下が早々と譲位されるのは、この度の上皇陛下のご譲位とは趣旨が違ってしまう。或いは、恣意的なご譲位とも受け取られかねない。そもそも「（皇太子や皇太孫ではない）皇嗣」というのは、その時点で皇位継承順位が第一位であるにとどまり、皇太子や皇太孫のように次の天皇となられることが〝確定〟しているお立場とは異なる。現に皇室典範の規定では、皇太子や皇太孫ではない皇嗣の場合、意外なことに皇籍離脱の可能性も全面的には否定されていない（第十一条第二項）。常識的には、秋篠宮殿下が実際に即位される可能性は、実はかなり低いと見なければならないだろう。このことは、「皇嗣の礼」が行われても、同儀式は単に「皇嗣」という地位であることを内外に明らかにする以上の意味を持たないので、特に変化はない。

皇位の安定継承への道を探る場合、そうした現実も冷静に考慮しておく必要がある。

質疑応答

質問　旧宮家のなかに、現在嫡出のお子さんがいる場合、復帰の対象として認めてもいいのでしょうか。

高森　その方々に手を挙げていただいて、国民が納得できて、条件を全部クリアできるのであれば、百パーセント排除したことはありません。

ただ、皇族になるということはそれまでの人生を投げ捨てるようなことでもあり、それが容易くできる人は逆に危ないとも言えます。本当に責任感を持って社会に関わってきた方であれば、家族もいるだろうし仕事もあるだろうし、難しいと思います。

質問　国民にもっと深く考えていただいてから男系、女系の判断をしていく必要があると思うのですが、いかがでしょうか。

高森　そうやって先延ばしする余裕はもはやありません。女性宮家の対象になるはずの内親王方が結婚された後では、もう皇室に戻れないからです。中国の男系主義の影響が残っていた時代ならともかく、双系の伝統を持つ我が国では元々、男系・女系の区別は一義的な意味を持ちません。皇統、天皇のご血統であることに本質があるのです。

専門家の間では、皇室は「氏《うじ》」なのか「家《いえ》」なのかという議論をしているのですが、私は両者の性格を帯びた国家の機関であると思います。憲法に「皇室」という言葉が出てきますし（第八・八十八条）、国家の法律（皇室典範・皇室経済法など）によってそのメンバーの条件や経済基盤なども規定されているわけです。それを考えると、家や氏の原理というよりも、憲法と皇室典範のルールに従って皇位を継承するということが重要なのです。

そして、憲法については一部で誤った説明がされることがあります。しかし、これまでの政府見解や内閣法制局の執務資料などによると、憲法というのは皇位が「世襲」であるということだけを決めていて、それ以外は皇室典範に丸投げしているので、世襲である限り憲法を改正しなくても、皇室典範を改正することにより、「女系」または「女性」の皇族が皇位を継承することを可能にする制度に改めることができます。憲法を変えなくても、皇室典範の改正だけでできると言っているわけです。憲法を変えなくて典範改正だけでできることで、日本の国体が破壊されるとか、王朝が交替するとかと考える方に無理があると思います。

ヨーロッパの実例を見ても、オランダの場合はこれまで三代の女王が続き、女系継承が行われていますが、それによって王朝が交代したという事実はありません。

それから、皇室は他国の君主の家柄と違い、姓や名字を持っていません。民間の男子が結婚された場合、名字を失うことは制度設計として当然行われますので、女子が皇族になって名字を失うのと同じことです。よく、民間の男子が結婚によって皇族になった前例があるのかと言われます。前例はありません。ですが、実は前近代において民間の女子が結婚して皇族になった前例もないのです。ところが現在、皇后陛下や上皇后陛下、紀子殿下などを皇族でないと思っている国民はいません。前例がなかったのですが、国民は受け入れたわけですから、男子が女性宮家のお婿さんとして皇籍を取得された場合も、これまでの妃殿下方などと同様、皇族として認められないとは考えられません。

むしろ、「天皇からの血縁が二十世以上も離れた旧宮家系の方が天皇になられた場合の方が王朝交代じゃないですか」とか、「そこまで血縁が離れていても憲法の『世襲』に該当するのですか。憲法違反では？」という感想を述べられた人たちもいました。源頼朝が皇室の血筋だからといって、その子供が天皇になる、みたいな受け止め方です。

そのことを考えていただくと、天皇がいらっしゃって、健康で聡明なお子さまがいらっしゃる。その方がたまたま女子である。これがハードルになるのか。

質問　先生の立場からすると、男系を優先するのか男子を優先するのか長子（第一子）を優先するのか嫡子を優先するのか、その順序はどうなのでしょうか。

高森　私はまずは直系を優先すべきだと考えます。直系ですと今は親子一緒に暮らしていらっしゃるわけですから、天皇のお姿に最も触れやすい。祭祀に取り組んでおられる天皇陛下の雰囲気が直《じか》に伝わります。ですから、一緒に暮らしている方が天皇の「公の精神」祭祀へのご姿勢を受け継ぎやすい条件にあるので、直系と傍系であれば直系だと思います。直系の長子を優先すべきでしょう。

そもそも、天皇はなぜ血筋で受け継ぐのか。それは、単に遺伝子を受け継ぐというよりも「精神と祈り」を受け継ぐ、神武天皇以来の代々の精神、祈りを受け継ぐという意味があると思い、やはり直系こそ精神の継承にふさわしいと思います。

国民の側も、天皇の継承者として最も素直に納得しやすいのが、直系による継承です。連続性の実感、統合力、求心力の点でもそれが望ましい。

（令和元年十一月一日）

第三章

皇位の安定的継承のために③

櫻井よしこ

皇室は日本だけに存在する国民統合の力

今、天皇陛下、皇室について私たちがよく理解しなければいけない理由が内外ともにあります。国際社会のなかで生きている限り国際社会の動向に影響されます。今、トランプ大統領が来日していますが、トランプさんはアメリカ第一ということではっきりしている。アメリカが内向きになるのに合わせて、中国およびロシアの膨張主義が非常に顕著になってきました。アメリカとヨーロッパとの関係は崩れていますし、アメリカが世界最強の国として君臨するとしても、今までのように国際社会に積極的に関わる国ではなくなっていくと考えた方が安全だと思います。そのなかで、それぞれの国が自国は基本的に自国で守ると、改めて覚悟しなければいけない国際情勢がある。そのなかで日本は何によって立つのかということが問われるわけです。

憲法を七十年以上、一文字も改正できていない日本は、軍事力を柱にするということは、現状では不可能です。では、経済だけで国が成り立つかと言えば、これは絶対に成り立たない。日本が立てることのできる軸は何かと考えると、日本らしい価値観だろうと思います。日本らしい価値観は、世界中どの国からも好かれているし尊敬されているわけですが、それだけでは非常に弱い。その裏に経済と軍事の裏づけがなければ、いざというときに役に立つ仕事はできないと思います。それでも、この限界のなかで私たちは精一杯努力をしなければならないわけです。

日本国の価値観の柱を立てるとしたら皇室に行き着きます。皇室は日本だけに存在する国民統合の力です。皇室が自然発生的に歴史のなかで育まれてきたということが重要です。他の国々の王や女王は、強い力で治めてきたわけですが、日本の皇室は平安時代以降、政治権力とは無縁に存在してきました。そのなかで国民の敬愛と尊敬の的になってきて、数百年に一回、国難が到来するとその中心軸になるのが皇室だと思います。

過日、即位の礼が正式に行われました。天皇皇后両陛下に対する国民の尊敬がどこまで深まっているかはまだ測り難いものがありますが、それよりも国民皆が祝福する式典になりました。こうしたこととは別に、実は私は心配していることがあります。日本は国難のなかにあり、この波を乗り切れないのではないかと思うことさえあります。乗り切れなければ三流国に成り下がって、地政学上、中国の属国になるしかありません。私はそのように心配しているにも関わらず、即位礼正殿の儀に出席させていただいて、もしかして日本はこの国難の波を乗りきることができるかもしれない、頑張れば可能かもしれないと実感として感じたのです。そのように感じさせる見えない力が皇室にはあるということを強調したいと思います。その力があるから日本はこれまでずっと持ってきたという面もあるだろう思います。皇室と国民の間柄はＧＨＱによって変えられましたが、基本的に皇室が国民のために祈り国家の安寧のために祈り、国民が敬愛の情で接するという構図は変わらないと思います。

国民の敬愛と親愛の情で絆をつくる皇室

では皇室とは一体何かと考えると、今テーマとなっている女性宮家もしくは女系天皇という問題に突き当たります。皇室の歴史を振り返ってみると、平安時代の頃までは強い政治力を持っていました。清盛などが娘を皇室に嫁がせ、摂政・関白政治を行って権力を握るわけです。藤原一族は盛んに娘たちを複数皇后として皇室に入れるわけです。それでも、皇室は男系の系統を崩しませんでした。もし、今で言う女系天皇に移っていたら、そこで完全に皇室の伝統は途切れていたのです。その後、日本には政治の権力者が多数生まれました。織田信長、豊臣秀吉、徳川、その前の源氏もそうです。彼らも権力を握る手段として、皇室に入ってしまえば、絶大な威力を発揮するということをわかっている。それをしたかった人たちもいたわけですが、踏みとどまっているわけです。ですから、もし女系天皇を認めて、権力者が自分の息子を皇室に入れて、女系天皇の夫となったりすれば、今の皇室は全く違う形になっていたでしょうし、皇室という形では続かなかったのではないかと思います。

織田信長の子息を皇室に入れたと仮定します。織田信長が強いときはいいけれども、弱ったときには必ず権力争いが起きる。次に豊臣になったときに同じことが起きたらどうするか。時の権力者と結びつけ、また女系天皇を認めれば次々と有力な男性が皇室に入ってきて権力闘争になってしまう。国民の敬愛と親愛の情で絆をつくるという皇室のあり方が根底から崩れてしまうと思います。女性は皇室に入ることはできても男性は入ることができない日本の伝統は、やはりすごく合理的な意味があったのだろうと思います。

現在の皇室には男系男子の継承者がすごく少ないと言いますが、悠仁親王まではいらっしゃるわけです。悠仁親王が成人して天皇陛下になられて、その生涯を終えるまで、まだ七十年とか八十年あるわけです。十分時間があります。その間にその後の世代をどうするかをじっくり考えればいい。

私は、まず皇族の数を増やさなければいけないと思います。どういう増やし方があるのかというときに、臣籍降下した人たちを戻すという意見がよくあります。それに対して、何十年も庶民として過ごした人たちがもう一回皇室に戻るのはおかしいという意見があります。竹田恒泰さんが書いた検定に不合格になった中学の歴史教科書のなかに参考になることが書いてあります。男系で継承されてきた皇統が三回ほど危機に直面したことに関する話です。

皇統が直面した三回の危機

第一回が第二十五代武烈天皇から二十六代の継体天皇に移ったときです。武烈天皇に男子のお子さまがいらっしゃらなくてどうしようかというとき、継体天皇につないだのですが、継体天皇と武烈天皇は十親等も離れていた。祖父同士がはとこという遠縁にあたる方を連れてきて、次の天皇にしたのです。ところが、継体天皇は武烈天皇の娘と結婚しましたから、そこですごく離れていた十代前に遡った親戚が、結婚によって、もう一回二つの家を一緒にした。古代の人たちの知恵です。

二回目が百一代の称光天皇から百二代の後花園天皇です。そして最近の例が今上陛下の直系の祖先にあたる光格天皇のケースです。このときは後桃園天皇から光格天皇でした。光格天皇の皇位継承も、すごく離れていたところからお連れしたのです。後継者がいなかったので、後桃園天皇の崩御は何日間か伏せられました。一所懸命に後継者を探して、光格天皇を探してきたのです。光格天皇の兄たちは僧になっていたので資格がなくて、六歳か七歳の子供を後桃園天皇の養子にし、それを発表した後に、天皇陛下が崩御されたことも発表して、光格天皇が誕生したのです。その方が、今の天皇陛下の直接の祖先にあたります。皇統の危機のなかで、直属の男系男子がいらっしゃらないなかで探しに探して、天皇陛下の崩御を隠してまで時間を稼いで探してきた方が、今の天皇陛下の直接のご先祖さまなのです。悠仁殿下がいらっしゃるから、これから何十年も大丈夫だと思いますけれども、神武天皇から数えれば二千七百年近くの歴史のなかで三回ほど危機に見舞われていて、そのたびに先人たちが男系男子を守るために、知恵を働かせてきた。ですから今も、同じことができないはずはないと私は思っています。

女系天皇の登場は革命

次に、なぜ女系天皇はだめなのか。今、女系天皇論を唱えるということは、憲法で定められ、皇室典範で定められている男系男子の継承者、つまり秋篠宮殿下と悠仁親王殿下を廃嫡にするということです。これは凄まじい革命です。女系天皇を主張する人たちは、秋篠宮殿下の、憲法と皇室典範で定められている決まりを全部無視して、廃嫡にするということを自覚しているのでしょうか。悠仁殿下に対しても同じです。ですから軽々に女系天皇だと言う人は革命論者だと私は思います。

今回も百九十いくつの国と組織がお祝いに来てくださいました。このようなことは他の国でありえないと思うのです。この前、中国共産党が建国七十周年のお祝いをしましたが、ほとんどの国々は行かなかった。ロシアは毎年戦勝記念をしていますが、そこにも多くの国がいかない。その他の国でも、世界のさまざまな国や組織の代表者が一堂に集って儀式を見守ってお祝いをしてくださるのは例がないわけです。やはり日本の求心力は皇室にあると思います。

私は今、白鳥庫吉が昭和天皇のために書き下ろした『国史』を読んでいます。これを読むと、いかに皇室と国民が気持ちの上で結ばれているがわかります。目には見えない威厳があって、それがいざというときにどれだけ大事な要素であるかを考えると、皇室の伝統は崩してはならないことの一つだと思います。一回崩してしまえば戻らない。日本にしかない皇室と民との関係が日本国の力の源泉となってきたということは間違いないでしょう。中国の歴代王朝の皇帝と民の関係と、日本国の天皇と民の関係はまったく違いますから、今こそ本当に皇室の本質を見て、男系男子をお守りすることが大事だと思います。

旧皇族の復帰は数十年後の準備

それからもう一つ。例えば竹田恒泰さんが天皇になると考えたら旧皇族の復帰は嫌だと言う人がいます。竹田さんは本当に立派な方で、正直で誠実な方です。問題提起をするために嫌われることもあります。ただ、今は竹田さんの評価は横に措いて考えましょう。竹田さんが皇族に復帰しても、竹田さんは天皇にはなりません。皇籍に復帰する人が何かお役に立つとしたら、五十年、六十年、七十年も先のことなのです。もちろん、皇族の一員として行事に参加することはあるでしょうが、この人たちがすぐに天皇になるなんてことはありえない。だから今ではなく、三十年、四十年、五十年先のこととして、今から準備をしておくということです。七十年も民間にいた人を今さら皇族にと言いますが、昔は十世代も違う人たちを皇族に戻しているわけですから、それは問題ないと考えます。

三回の危機をどのようにして乗り越えたかということが参考になると思います。

元皇族の方々に関しては、マスコミに騒がれることが一番危険です。マスコミに騒がれることによって、どうしても退いてしまいます。ただ、しかるべき国民の要望があって、政府の要望があって、きちんとした手続きを採ってくれれば役に立ちたいという人は、必ずいます。静かに物事を進めないと、マスコミの餌食になってしまうと大変なことになり、その話は潰れてしまうかもしません。政府も国民も静かに賢く行動して、男系男子の皇統を守るために、皇族の数を増やすところからはじめていくべきと思います。

十一宮家のなかには、断絶した家もありますが、きちんとした暮らしをしていて、男子の方がいらっしゃるご家族も三家族、四家族いらっしゃるわけです。その人たちを守るためにも、静かに話を進めればいいと思います。

質疑応答

質問　私が懸念していることの一つは、テレビなどで秋篠宮家を叩いて、すばらしい愛子さまがなぜ天皇になれないのかという批判がなされていることです。特に女性は、女性が天皇なれないのは女性差別だと批判します。

櫻井　世論調査では、女性天皇と女系天皇の違いがわかっていないという答えもありました。ですから、愛子さまがいいのではないかと言えば、誰もダメですとは言わないと思います。マスコミは以前は秋篠宮家を持ち上げていたのに、今は反対になっています。

私は愛子さま天皇説を唱える人たちに、憲法と皇室典範で定められている皇位継承の順位を変えて、秋篠宮殿下と悠仁さまを廃嫡するのですかと問う必要があると思います。多分、そこまで考えないで言っている方が多い。ある著名な学者の方も、テレビで愛子さまが天皇でいいと言っていました。番組のあと、ある人がそれは廃嫡論ですねと言ったら、本当にびっくりしたような顔をしました。廃嫡論と考えていなかったのでしょう。その方はその後、男系男子論に変わりました。愛子さまを天皇にということの本質は、革命的なのです。古代の壬申の乱のような大きな騒動になると思います。

もう一つ、世の中には決まりごとがあります。茶道では茶碗を三回回すという決まりごとがあり、そこには理屈はないかもしれませんが、それを守って所作を美しくする。また、例えばローマ法王は全員男性です。世界最大のキリスト教の団体で、世界で何億という人々がキリスト教徒です。男女平等の時代だから、法王を女性にしろとは誰も言わない。ユダヤ教のラビも男系男子です。しかも父から子への世襲です。ユダヤ教のラビを女性にしろとは誰も言わない。

世の中には決まりごとがあり、それを守ることによって生きていく人々、民族がいるのです。日本の皇室も、その一例であると言ったらいいのではないかと思います。

女系天皇とはどういうことか。もし、愛子殿下と鳩山家のボンボンが結婚したらどうなるでしょうか。愛子内親王が女性天皇になるとしたら、今上陛下が崩御なさったあとのことです。愛子さまと鳩山家の間に子供が生まれ、何十年かすると、このお子さまが天皇になるわけです。このお子さまが天皇になったとき、血筋は鳩山家に移ります。それは嫌だという人は多くいるのではないでしょうか。

現在の万世一系の血筋を繋ぐということに関しては誰も異議を唱えない。そこには継承の正当性が厳然としてあるということです。この正当性を何によって担保するか。それは権力でも頭の良さでも見た目の良さでもなくやはり血筋です。お血筋に対しては誰も異議を唱えることができないと思います。

三笠宮寛仁殿下がお元気だったころに対談させていただきました。そのとき殿下は「我々は皇室の血をつなぐ伴走者です」とおっしゃっていました。血統をつないでいくことの大切さをおっしゃっていました。

質問　小泉政権のときに有識者会議がありました。そのときは女系容認の結論を出そうという意図がありました。そのときに共産党の憲法学者が、女系を認めた途端に万世一系が崩れてそれが天皇制の破壊になると述べました。女系となると、万世一系ではないという意見が左翼から出てきますか。

櫻井　共産党の綱領のなかには皇室を廃止するということが今も残っています。自衛隊と皇室の廃止は、彼らの目標の一つとして残っていますから、あり得ると考えます。

質問　小泉総理の時代、官僚たちが女系に進めたい雰囲気がありました。その準備室は今も残っています。だから、これからもその人たちが議論のたたき台と答弁書を書いて来るのではないか心配しています。

櫻井　日本の官僚は、自分たちが定めた目標に向かって進んでいく癖があります。官僚が自分たちが好きなように牛耳らないように安倍さんが一定の範囲内で人事権を握ったのですが、まだ残っていると思います。

ここは政治家の矜持にかけて、きちんとしていただきたいと思います。それにはやはり、国民を説得させることがすごく大事な要素になります。国民世論を引っ張るマスコミに女系論者が多いので、ここはしっかりと論陣を張っていくしかないと思います。

質問　今まで民間でいらした方に皇籍復帰していただくということは、少しハードルが高いという人も多くいます。

櫻井　どのようなやり方にするか、ではないでしょうか。ご本人やご家族全員に不自然で過剰な負担をかけないためには、例えば、断絶した宮家に家族養子で入るという形があります。生まれたばかりの赤ちゃんを養子にする形も考えられます。もちろん、養子は血筋がつながっている方に限るという条件がつきます。

いずれにしても皇族をどういう風にして増やしていくかを考え、実行するのを急がなければなりません。

私は女性宮家はダメだと思います。女性宮家になるとなし崩し的に女系天皇につながっていくと思います。

（令和元年十一月八日）

第四章　皇位の安定的継承のために④

所　功

現実的な改革案が必要

現在の日本が直面している大きな問題の一つは、皇室の在り方だろう思います。とりわけ皇室の構成を見ると、女性が多くて男性が極めて少ない。そういうアンバランスな状況です。これが改善できるかと言うと、そう簡単ではありません。

皇室が続いていくためにどうすればいいか、いろんな観点から考えなくてはなりません。大事なことは、国民の側で心配してこうあるべきだということは、自由であり必要なことです。その際、それを受けて立つ皇室の方々がそれをできるかどうかを、当事者のつもりで考えてみることも大事だろうと思います。

これから私が述べることは、観念的な理想論とか原理論ではありません。それも一つの理屈ですが、それで将来の展望を開けるかというと、とても無理なことが少なくありません。そうではなく、可能な限り、その身になって考え、まず今できることをやり、ついで二十年・三十年後にやらねばならぬことを分けて考える必要があります。政府も国会も今できること、準備して十年先なら可能なこと、それでも不備が出てきたら、二十年・三十年後に是正していく、という段階的な対応が必要だろうと思っております。

私は平成十年（一九九八）に高橋紘氏との共著『皇位継承』を文春新書で出しました。そのためか、まず平成十七年の小泉内閣で設けた有識者会議に呼ばれ、また平成二十四年の野田内閣で設けた会にもまいりました。その機会に申し上げたことは、今振り返ってみますと、自分の理想論を主張することが中心でありました。

それは基本的に変わっておりません。けれども、それで現実的な改革ができるかいうことを考え直しています。今日は、その現実的な改革案を申し上げますので、皆さんのような政治家が参考にして法改正案を進めていただきたいと思います。

具体的には、平成二十八年（二〇一八）八月、天皇陛下のご意向を拝して、大多数の国民が理解と共感を示したので、政府も国会も丹念に審議して、皇室典範特例法を作りました。これは極めて重要な政治的決断です。今の皇室典範が定める終身在位の原則を残しながら、特例として高齢を理由に生前の譲位を可能にする、という現実的な法律です。しかもそれは、政府が法案を出す前に、衆参両院が各会派各と意見をすり合わせ、その意見をベースにした政府法案が出され、国会で衆参両院ともに出席議員すべての賛成を得て成立しました。こと皇室問題に関しては与野党を超えて合意を形成し、当面必要な法改革を実現したのは、まことに良い例ができたと思います。

これから議論する皇室問題も、与党の主張は重要なのですが、良識ある野党も理解し協調できることを考えてほしい。皇室問題に関しては、強引に多数決で押し切るのではなく、大多数の賛成を得るように努力していただきたいと思います。

憲法で定められている皇位の世襲

現在の憲法上、皇室は極めて重要な位置づけにあります。第一章は国柄を示すところであり、それが天皇という章になっている意味は大きい。しかもその第一条に「天皇は日本国の象徴であり、日本国民統合の象徴」と位置づけと役割が明示されさらに第二条で「皇位は世襲のもの」と明記されています。つまり、現在の皇室制度は「象徴世襲」天皇制度なのです。

この「世襲」というのは、それを担う適任者が実際におられなければ機能しません。これを維持するには皇室の方々をどのように確保し、その役割を確実に担っていただくということが、不可欠の問題になります。

歌舞伎などの世界にも世襲はありますが、それは慣習であって法制度ではありません。

しかし天皇の場合は、憲法に世襲と明記されていることですから、それを担う御方がおられなければなりません。

しかも、その世襲の地位は、「国会の議決した皇室典範に基づく」とあります。その皇室典範の第一条に、「皇位は、皇統に属する男系の男子が、これを継承する」と定められています。これは可能であれば、それを続けられるようにしなければなりません。しかし、それが極めて難しくなっていますから、これをどうするか、ということが当面の問題であります。

国会で定めた法律は重要です。現在の皇室の方々は、戦後昭和二十一年以来、現行の皇室典範のもとで生まれ育ってこられました。ですから、その方々は可能な限り現行法に則って事を運んでいくことが必要だと思います。そういう意味で、「皇統に属する男系の男子」がおられる限り、その方々が皇位を継がれることは、前提として必要なことだと思います。

しかしながら、皇統の男系男子が必ず生まれるとは限らず、やがてほとんど難しくなる恐れがないとはいえません。そういう事態を想定すれば、私の結論は、皇統の男系男子限定を、男系男子優先とすることに改めて、男系男子がおられる限り、その方を優先するが、男系女子も排除しないことだと思います。

男子優先で一代限りの女性天皇容認

もう一つは、現行の典範第十二条により、男系女子（内親王も女王も）が一般男性と結婚されると、皇族でなくなってしまいます。そのために男系女子を結婚後も皇室に残れるようにするのが、いわゆる女性宮家です。しかしながら、それを実現することは容易でありません。皇室の外に出る前提で生きてこられた方々が、今さら皇室に残ってくださいと言われても困られるでしょうし、皇室に残り結婚しようとすれば相手がなかなか見つからないのではないかと思います。

とはいえ、現在ある宮家が消滅しないように、お一人は当家を相続するために残っていただきたいと思います。今の制度が続けば、お子さまのない常陸宮家だけでなく、女子しかおられない三笠宮家も高円宮家も消滅します。さらに秋篠宮家も悠仁親王が皇太子になられたら相続できなくなってしまいます。

こういう事態を予見しますと、取り組むことのできる方策は限られてまいります。皇室典範特例法の附帯決議で与野党が一致して国会が政府に求めていることは、皇位継承の安定的なあり方と女性宮家の創設です。この両方について、一般論ではなく、具体的に可能なことを早急に実現する必要があります。

皇位継承の安定的な在り方ですが、常に万全ということはありえません。天皇といえども、生病老死があられるわけです。そのことを踏まえて、男系男子を維持することの限界を認識し、その背景を考えておく必要があります。明治の旧典範までは側室を認め、庶子の男系男子も多くおられました。しかし、側室を認めない戦後の一夫一妻制では、男系男子のみに限定することは無理があります。それゆえ、男系男子を優先するにしても、万一に備えて男系女子の可能性を認めておく必要があるのです。

もちろん、今のところ今上陛下の次に秋篠宮殿下と悠仁殿下がおられます。おそらく三十年から五十年先までは男系男子により継承されます。ただし、その間でも考えておかなければならないのは、必ずしも健康で長生きされるとは限らないこともあることです。

また、現在十三歳の悠仁殿下は、十年後から二十年後までに結婚されるでしょうが、現行典範のままならば、そのお相手は必ず男子を生まなければならない。となれば、お相手がなかなか見つからないのではないか。もし見つかったとしても、他に若い皇族男子がおられませんから、もし男子が生まれなければ、そこで皇統が途絶えてしまう恐れがあります。そういうことをリアルに考えれば、男系男子を優先するけれども、男系女子の登場も可能にするという制度に改めておくことです。

結論的に申しますと、皇位継承の安定的な在り方については、現行の男系男子限定を男系男子優先に改め、特例として男系女子の登場も可能にすることが必要です。

ちなみに、女性天皇を認めると女系天皇も認めることになるから駄目だ、というのは極論です。まだ女性天皇すら登場していないのですから、その先の女系天皇は当分ありません。あるとすれば、男系男子がまったくおられなくなり、男系女子が登場した後で、なお傍系にも男系男子がおられない場合です。

しかし、その間に、男系男子を確保する方法も考えられます。旧宮家のご子孫に適任者がいたら、皇室へ迎えられるようにするのも一案です。それゆえ、男系男子に限定されている資格を限定女子にまで広げても、一代限りにとどめておけばよいのです。

ご承知のとおり、これまで百二十六代の天皇中、八方十代の女性天皇が実在します。それは単なるリリーフではなく、その時々の必要に応じて登場され、重要な働きをしておられます。今後ともそういう状況で、一代限りの女性天皇が登場される可能性は用意しておくことが必要だと考えています。

現存の宮家を残すための養子相続

第二は若い男子のない宮家の問題であります。これが非常に難しいのは、現行の皇室典範が、天皇および皇族は、養子を迎えることも養子に出すこともできないと養子を禁止しています。そのため、お子さまのいない常陸宮家は、やがて絶家となってしまいます。

また、現在女子のおられる宮家でも、現行法により結婚したら皇室から出ることを前提に生まれた方々ですから、外に出られる可能性が高い。かつて寛仁親王殿下から、「自分は娘たちが外に出ることを前提に育ててきたから、今さら皇室に残れと言われても困る」とお聞きしましたが、その通りだと思います。もし生涯独身でおられても、いずれなくなる恐れがあります。それは高円宮、さらに秋篠宮家も同様になるのです。

現在ある宮家を残す方法は、養子を認めて、そこへ旧宮家のご子孫などが入るという道を考えることも必要です。ただ、一般国民として生まれ育った方が皇室に入ることは、法律的にも実際的にも難しいと思われます。

現行の典範では、皇族男子のもとへ一般の女子が入ることなら可能ですが、男子は入れません。したがいまして、そういう方々が皇室に入るには、養子として迎えられる道を開く法改正の必要があるのです。

また、そのような法改正は国会でできますが、それに応じて皇室へ養子として迎えられるにふさわしい適任者を見出すことも、その本人と家族に同意を得ることも、おそらく容易でないでありましょう。

皇統で大事なのは皇祖皇宗以来の皇胤

近ごろ世間では、男系や男子を絶対視する論が少なくありません。しかし、それを強く言い出したのは明治以降のことです。たしかに過去を振り返ってみれば、すべての方が男系であり、男子がほとんどです。それによって、男系男子が重要どころか絶対だと考えられる傾向が強くなりました。しかし、女系とか女子をまったく無視したり排除していいのかと言えば、そうではありません。

法概念としては、まず皇統あるいは皇胤です。現在の皇室典範でも「皇統に属する」という大前提が示されています。ついで「男系」という制約があって、さらに「男子」という限定がある。言い換えれば、皇統には男系も女系も含まれます。ただ、過去の天皇はすべて男系だという史実があり、ほとんどが男子だという事実がありますけれども、その上位法概念としては、皇統に属する皇胤であることこそ大事なのです。

今から千二百五十三年ほど前に和気清麻呂公が護り通そうとしたのは「皇胤」です。皇室に生まれた方が皇位を継がれるべきだということです。当時は称徳女帝が目の前におられ、その女帝に信任された清麻呂公が、男系男子でないといけないとか女性女子は駄目だと考えられるはずがありません。皇位に就きうるのは、皇室に生まれた「皇胤」でなければならない、皇族と身分の異なる道鏡のような臣下は絶対いけないといっておられるのです。

日本の皇室は氏姓も家名もない。念のために申しますと、氏とか家と同じレベルで皇室を論じるのは間違いです。皇室には氏も家もありません。世界に冠たる日本の皇室には一般のような氏も姓もないということが大きな特徴です。

およそ一世紀から五世紀にかけて大和で基盤を築き、次第に日本列島の大部分を統一された大王（天皇）は、中央・地方の有力豪族たちに氏姓を下賜される格別な立場にあり、オンリーワンの存在なのです。

氏姓の論理は中国から入ってきた思想であり、中国では男系（父系）のみが絶対ですから、父親の姓がすべてなのです。結婚しても姓を変えることは認められません。それが早くから日本に伝わり、古代の貴族社会でも中世・近世の武家社会でも、父系絶対か父系優先となり、それが皇室にも影響を与えていたのだと思われます。

明治以降、氏姓制度は法的になくなりました。しかしながら、やはり父系の男性を中心とする氏や家の在り方が今なお根強く残っています。それを皇室に当てはめて、皇室こそ男系（父系）が原則だという人が今なおいることも不思議ではありません。

けれども、日本の皇室には姓がなく、姓を与える特別の立場であり、皇室の血筋が終始一貫して途中で断絶がないことこそ重要です。万世一系とは、神武天皇以来の血縁が一貫して続いておるということです。それは歴史的にすべて男系でつながり、ほとんど男子で継承されてきた。それを男系男子に限定して法文化したのが、明治と現行の皇室典範であります。

したがって、皇統に属する男系の男子を尊重することは当然ですが、それのみに限定して現実に適応不可能な状況になれば、その枠を広げて、男子を優先しながら男系女子も認めて将来に備える必要があろうかと思います。

最後に一つ付け加えますと、秋篠宮殿下は先般、「兄君が八十歳になったとき、自分は七十代半ばで後を継ぐのが難しい」というようなことをおっしゃった、と伝えられています。殿下は特例法によって皇嗣となり、まもなく「立皇嗣の礼」も行われます。

ただ、皇室は大きく分ければ、内廷という本家と宮家という分家からなり、皇位継承者は内廷でなければならないはずです。現行の皇室典範では、皇嗣は皇太子と皇太孫のみが明示されています。もし皇位継承を長子優先とすれば、内廷で唯一の愛子内親王が皇太子になられますが、現行の男子限定ではそれができません。せめて愛子さまには直《じき》宮《みや》を立て皇室に残られ、両陛下を支えてほしいと思っています。

現在、秋篠宮殿下が内廷に入られないのは、悠仁親王が未成年であり、二人の内親王では宮家の当主になれないため、秋篠宮家を維持するため当主を務めておられるのだと思われます。しかも、皇室経済法によれば、皇室費は内廷費と皇族費と宮廷費に分けられ、皇族費は内廷費の三分の一ほどです。したがって、このまま皇嗣かつ宮家の当主として続けられるには無理があります。

しかも、今上陛下の御代は二十年どころか三十年以上続くことが望まれますが、それから皇嗣の秋篠宮殿下が即位されるのであれば、そのときまで悠仁親王は皇太子になれないのです。すると、皇太子としての心得を天皇陛下から身近に学ばれることが難しいように思われます。

そこで、もしかしたら、今上陛下の後に甥の悠仁殿下が養子として継がれる可能性も考えられることになるかもしれません。これは養子制度の容認を検討するさいに可能かどうか問題になってくるかと思われます。

質疑応答

質問　最後に付け加えられた点ですが、今上陛下のあとは秋篠宮殿下が即位されるのか、それとも悠仁殿下が即位されるのでしょうか。いずれ天皇陛下に即位するとして過ごすのと、その可能性が遠いと思って過ごすのでは価値観も考え方も違ってきます。

また、宮家を新設するとなると、反対もしくは慎重な方が多いのですが、現在の宮家を維持するのが先決という言い方をすれば納得してもらえる新しいアプローチだと思いました。

現在の皇位継承順位を遵守して、男系男子が尊重されるべきであり、それを踏まえた上で、皇族の数を維持することも大事な事だと思いました。

所　皇族は男女を問わず、皇位に即かれなくても、皇族であられる限り、どなたであれ天皇の公務を分担する覚悟と準備がいると思います。

現在の皇室典範でも、天皇が心身ともに難しくなれば、摂政を置く際、その資格は男性だけでなく女性の皇族にも認められています。皇族の身分にあるということは、天皇の役割を何らかの形で分担して支えるということです。

私は、現行の典範で定められているように、まず秋篠宮殿下、ついで悠仁殿下がお継ぎになられるということが大前提でなければならないと思います。しかし、原則通りにいかないこともありますので、悠仁殿下を今上陛下の御養子としてお継ぎになられるという可能性も考えておく必要があるかと考えています。

先般、大嘗祭がありました。天皇陛下が毎年の新嘗祭をなさるとき、皇太子殿下は神嘉殿の脇の隔殿において正座され、浄闇のなかで合計四時間、陛下がなさることを学ばれるのです。このような一子相伝の祭祀を体験されることも、天皇になる心得を深めていかれるのです。今上陛下は、そのような経験を三十年積んでから大嘗祭に臨まれたのですが。秋篠宮殿下もこれからそのような経験を積んでいかれることになると思うのですが、その間、悠仁殿下はそういう経験をされることができない、ということでよいのかどうかも考えてみなければなりません。

今回の皇位継承儀礼で一つ残念だったのは、悠仁殿下がお出にならなかったことです。これは不思議なことでして、昭和天皇は大正四年（一九一五）十一月の即位礼のとき、十四歳の皇太子でしたから、未成年は出られないというのが公的な見解だったのです。しかし、ご教育係の杉浦重剛先生が、将来天皇になられる皇太子は、即位礼を見ておかれるべきだということを強烈に主張され、京都で行われた即位礼に出ておられるのです。将来に備えて経験することは極めて大事なことです。

現在ある宮家が消えてしまうということは、単に公務の分担だけでなく、宮家の祭祀ができなくなることでもあります。現在、秋篠宮家は、高松宮家の祭祀を継承しておられますが、その高松宮家は有栖川宮家の祭祀を継承されたのです。今ある宮家を残すということは、単に皇族を残すということだけでなく、祭祀を継承する御方を確保するということでもあります。

そのためにも、旧宮家の子孫で本当に適任と認められる方がおられたら、養子に入っていただけるというような環境も作らなければなりません。これは法制の問題ではなく、実態の問題ですから、私は現在の皇室に近い旧宮家の中から数名を確保してほしいと思っています。

質問　一代限りの男系女子による女性天皇の可能性は妨げないということですが、その次はどのようになるのでしょうか。女性天皇のもとに男子のお子さんが生まれたら、その方が天皇になればいいという世論が多くなると、結局は女系天皇の誕生になるのではないかという危惧があると思います。

所　これから先に万一の場合、女性天皇が誕生したとしても、その次に誰が継がれるかどうかは相当に先のことですから、その段階で対応すればよいと思います。ちなみに、女性天皇が女系天皇につながると強く主張している有力な憲法学者も、万策尽きたら、「皇統を守るために女性天皇も、女系天皇も認めるほかない」と著書に書いておられます。万策が尽きるというのは、女性天皇が誕生して、さらに傍系に男子がお生まれにならないような場合です。

しかし、女性天皇の代に傍系で男子がお生まれになる可能性もあります。ですから、一代限りの女性天皇を認めることと、女系天皇になるということは、当面別問題として論ずればよい、男系を維持するためにも一代限りの女性天皇は認めておく必要があると思います。これは法の問題ではなく、そのような方を確保できるかどうかという現実的な問題なのです。

（令和元年十一月二十二日）

第五章　皇位の安定的継承のために⑤

百地章

男系は皇室の伝統

平成二十九年に特例法が制定されまして、そのときに附帯決議が付けられました。そこでは政府は安定的な皇位継承を確保するための諸課題、女性宮家の創設について検討して公表するとなっています。

まずは女性宮家問題点で大事なことは、女性宮家に賛成か反対かとか、女系天皇に賛成か反対かといった二者択一の問題ではなく、原理原則を明らかにすべきだということです。その原理原則とは、皇室の伝統、そして憲法です。御代替わりの諸儀式もこの原則に基づいて行っています。

第一に、皇室の伝統ですが、あらためて、皇室はすべて男系できたということを確認していただきたいと思います。天皇の系譜を見ていただくとわかるように、単線ではなくて、非常に複雑です。なぜこうなっているかというと、男系を守るためでした。

皇室には特に大きな危機が四回ありました。一番よく知られているのが、武烈天皇から継体天皇のときです。応神天皇まで遡り、そのご子孫を福井で見つけるわけです。このときは、十親等まで遡りましたから、二百年も離れていました。二回目の危機は称徳天皇から光仁天皇のときです。称徳天皇は女性の天皇です。独身でお子さんはいませんでしたから、舒明天皇にまで遡って、光仁天皇が即位します。八親等、百三十年も離れています。また、南北朝時代は十二親等も離れています。それから三回目の危機が、称光天皇から後花園天皇のときで、八親等離れていました。このときはちょうど伏見宮家ができて四代目の方がいらっしゃいましたから、その方をお迎えすることができた。つまり新宮家をつくっておいて間に合ったというケースです。

そして四回目が後桃園天皇から光格天皇のときです。東山天皇まで遡り、七親等も離れています。このときも閑院宮家ができて三代目の方が、皇位を継承されています。

他方、武烈天皇から継体天皇に皇位が継承された際には、直系と遠く離れた傍系を近づけるための努力をしています。武烈天皇には手白香《たしらか》皇女という姉がいらっしゃいました。その方と継体天皇が結婚される。後桃園天皇と光格天皇のときも、後桃園天皇の内親王が光格天皇と結婚されることによって直系と傍系を近づけたのです。ですから、旧宮家の方々とを近づける努力は歴史の知恵に学ぶことになるわけです。

皇統譜

※数字は「皇統譜」による即位の順
○は女性天皇

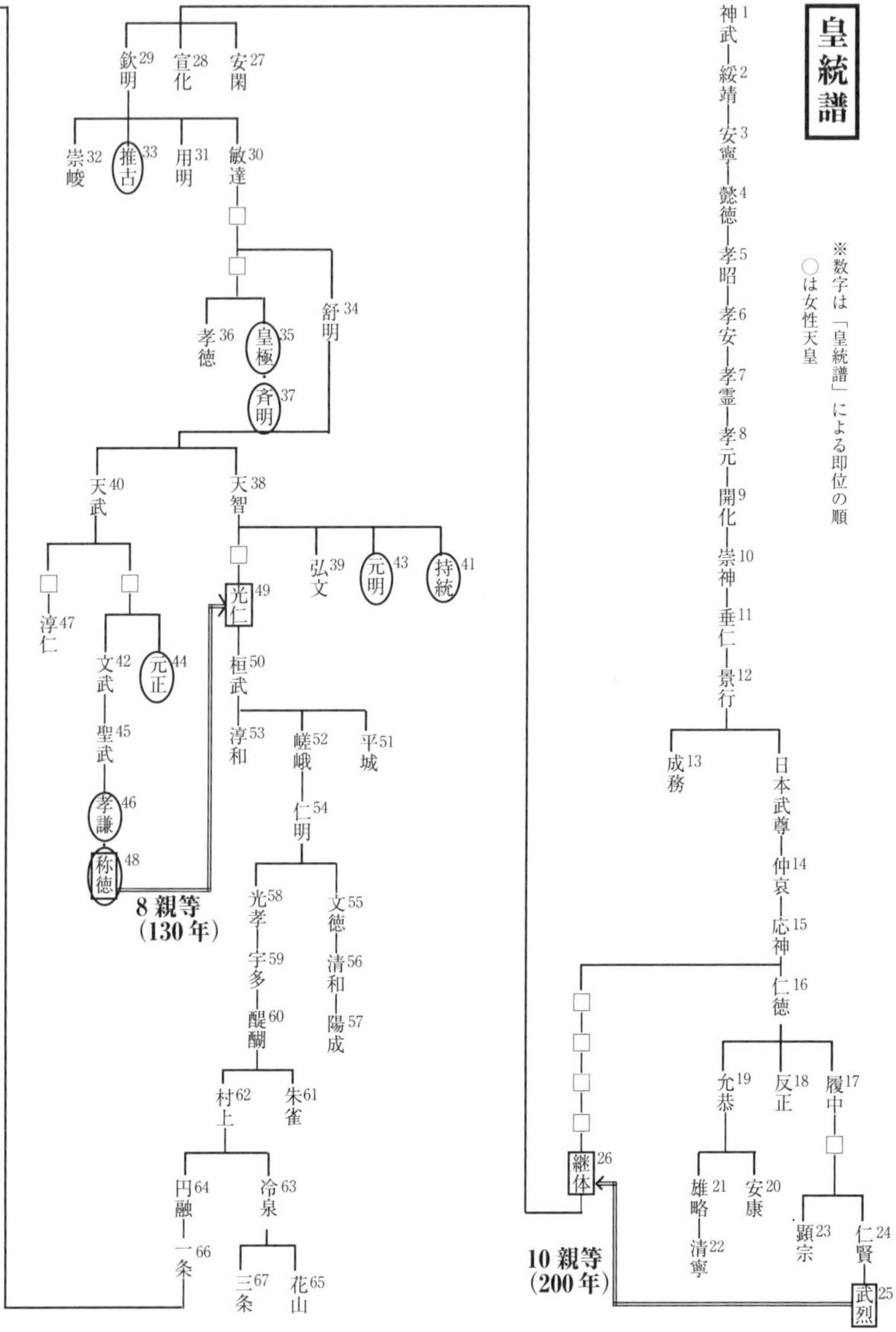

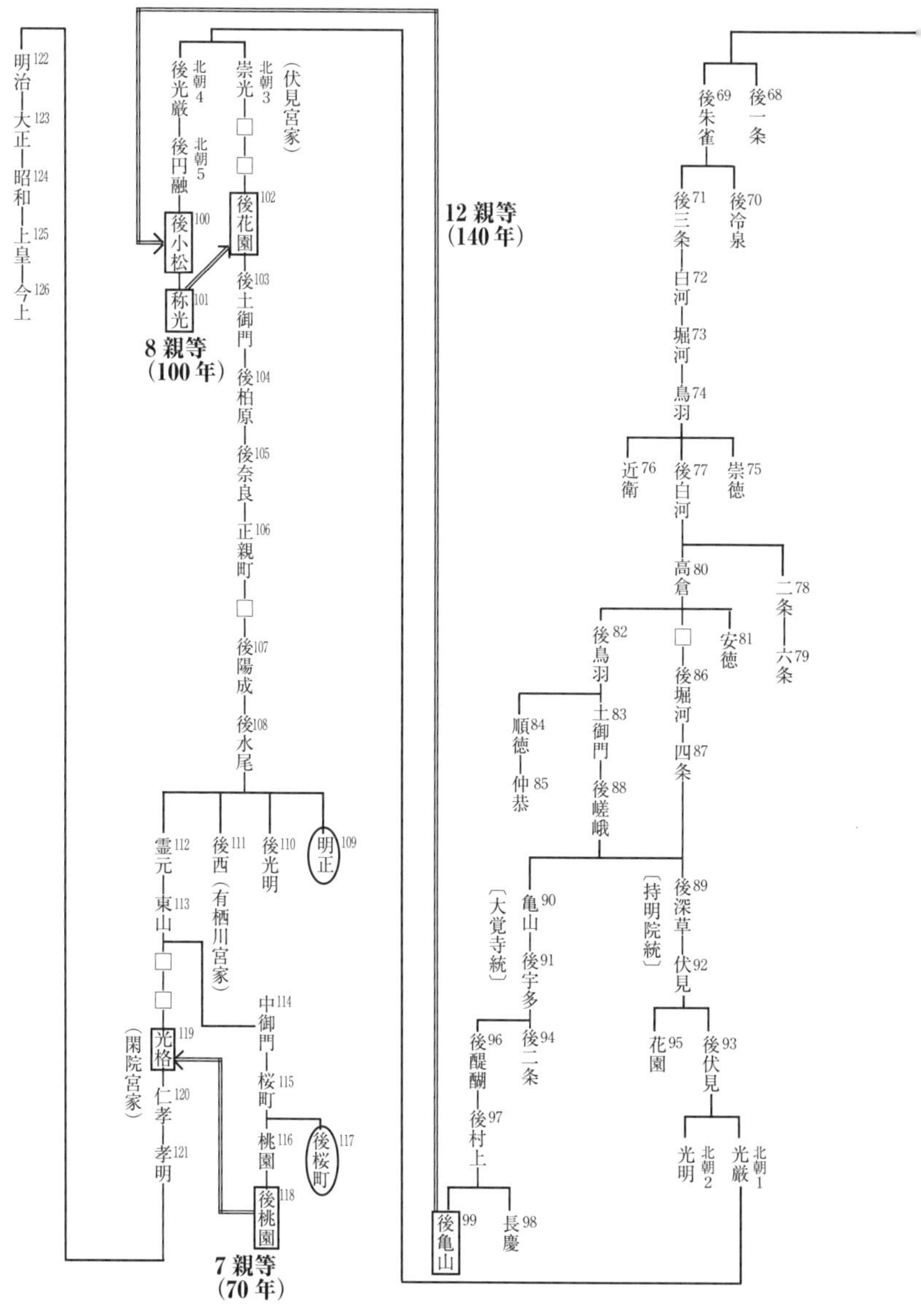
明治 122
大正 123
昭和 124
上皇 125
今上 126
後光厳 北朝4
後円融 北朝5
後小松 100
称光 101
崇光 北朝3
（伏見宮家）
後花園 102
後土御門 103
後柏原 104
後奈良 105
正親町 106
後陽成 107
後水尾 108
明正 109
後光明 110
後西 111
（有栖川宮家）
霊元 112
東山 113
中御門 114
桜町 115
桃園 116
後桜町 117
後桃園 118
光格 119
（閑院宮家）
仁孝 120
孝明 121
8親等（100年）
12親等（140年）
7親等（70年）
後一条 68
後朱雀 69
後冷泉 70
後三条 71
白河 72
堀河 73
鳥羽 74
崇徳 75
近衛 76
後白河 77
二条 78
六条 79
高倉 80
安徳 81
後鳥羽 82
土御門 83
順徳 84
仲恭 85
後堀河 86
四条 87
後嵯峨 88
後深草 89
（持明院統）
亀山 90
（大覚寺統）
後宇多 91
伏見 92
後伏見 93
後二条 94
花園 95
後醍醐 96
後村上 97
長慶 98
後亀山 99
光厳 北朝1
光明 北朝2

「世襲」は男系を意味する

次に憲法ではどうなっているかということですが、憲法には「皇位は世襲のもの」としか書いてありません。それを受けて、皇室典範第一条では「皇統に属する男系の男子」と明記しております。これは憲法の主旨を確認したものと考えられますが、事実、政府は一貫して世襲というのは男系を指すとしてきました。

例えば、憲法制定時の内閣法制局の想定問答では、「皇統は男系が適当であり少なくとも女系ということは皇位の世襲の観念の中に含まれていない」とまで言っています。そして議会でも金森徳次郎憲法担当大臣が「本質的には現行の憲法と明治憲法と異なるところはない」と述べていました。

また昭和五十八年には角田礼次郎内閣法制局長官も「男系の男子が皇位を継承されているのがわが国の古来の伝統であって、その伝統を守るということで現在の規定ができた」と述べています。

新しいところでは平成二十四年に野田佳彦首相が「古来ずっと長くそういう形（男系）で続いてきたことの歴史的な重みというものをしっかりと受け止める」と述べており、

政府見解は男系で一貫していることがわかります。

このように、憲法の主旨を考えるならば、当然男系である。少なくとも男系重視です。それゆえ、男系を無視した形で女系をとるということは憲法違反の疑いがあると私は思っています。

有力な憲法学者たちも「男系」で見解が一致しています。例えば美濃部達吉博士は「皇統は男系による」、宮沢俊義東大教授も「わが国では皇族の身分を持たないものは、皇位継承資格はないが皇族の身分のためには必ず皇族に属することが必要である」と言っています。さらに東北大学の小嶋和司先生や東大の佐藤幸治先生も同様の見解です。つまり皇室の伝統から見ても憲法から見ても世襲は男系を意味します。ですからまずは男系継承の努力をすべきです。

皇室という柱を支える世襲親王家

次に女性宮家の問題点です。

まず宮家の歴史から見て女性宮家は疑問です。実は宮家は男系男子の皇位継承権者を確保し、皇室の危機に備えるためにありました。つまり、直系の男子がいないときに備えて設けられたのが宮家です。したがって女性宮家では意味を持たない。ですから実際に女性宮家など存在しませんでした。皇族の範囲は時代によって違います。鎌倉時代以降、親王宣下の制度ができて、世襲親王家（宮家）が成立しました。天皇の子孫であっても、代が重なれば親王から王になり、どんどん血が離れていきます。しかし、世襲親王家の方に限っては、名目的にその時々の天皇の養子（猶子）という形をとります。そして親王に任ずる。それが世襲親王家（宮家）でした。ですからいくら血が離れていても、天皇のお子さまですから、皇位継承権を持っていたわけです。このような宮家が四つありました。そのうち、室町時代に伏見宮家ができて、第百二代の後花園天皇が伏見宮家のご出身です。有栖川宮家は徳川時代初期にできましたが、第百十一代の後西天皇は有栖川宮家のご出身でした。さらに閑院宮家は江戸中期に新設され、第百十九代の光格天皇は閑院宮家のご出身です。ですから、皇室という一本の柱を四本の支柱で支えてきたということができます。その柱が危ないときには支柱で支える。すると今度は支柱が柱になるわけです。ところが戦後、ＧＨＱの圧力のもとで宮家が全部なくなりました。現在の皇室は直系の方々だけで、傍系が全部なくなってしまったのです。だから速やかにその支柱を設けようというのが私の考え方です。

女性宮家の制度上の問題点

次に制度上の問題点です。

女性宮家は歴史的に存在しなかったし、女性宮家とは何かと聞かれて、菅官房長官は「定義はありません」とおしゃっている。だから女性が結婚して宮家をつくるという漠然としたイメージだと思います。しかし、はたして女性宮家など制度として成り立つのか。具体的には、女性宮家の場合、民間出身の配偶者をどうするか、そのお子さんをどうするかという問題があります。一代限りの宮家とした場合、民間人の配偶者も皇族になります。しかし、お子さんが誕生すれば民間人です。すると奇妙な家族になります。両親は皇族ですから皇統譜に入りますが、お子さまは民間の戸籍のままです。また、両親は皇族なので苗字がありませんが、お子さんは苗字を持つ。さらに、ご両親は皇族ですから皇族費で賄いますが、お子さんどうするのか。そういう奇妙な家族になってしまいます。そこで、お子さままで皇族とすれば、制度としては整うのですが、その場合は女系皇族が誕生してしまうという重大な問題が発生します。

父方をずっとたどっていくと神武天皇にたどりつくのが男系です。他方、女系は母方を通じてしか歴代天皇や神武天皇にたどりつきません。

愛子さまは父親が天皇陛下ですから、男系女子です。しかし愛子さまが、例えば山本さんという民間の方と結婚してお子さまが誕生すれば、そのお子さまは山本さんの家系になります。そしてその方が将来即位すれば、神武天皇より百二十六代男系で続いてきた皇室が変質してしまうことになる。新しい王朝が誕生したと言われても仕方ない。したがって、お子さんまで皇族に入れると重大な問題が起こることになります。さらに女系皇族に皇位継承権を認めたら、女系天皇の誕生につながるので大変危険です。

明治の皇室典範をつくるとき、井上毅はその警鐘を鳴らしました。そして女系を認めなかった。そのときに説明のために持ち出したのがイギリスの王朝のことでした。イギリスの王朝名が変わった理由は、女系の誕生でした。

例えば、ヨーク朝の最後は女子でした。その女子がチューダ家の男子と結婚したことによりチューダ朝がはじまったのです。チューダ朝も男系で継承しますが、最後が女子でスチュワート家の男子と結婚します。すると王朝名がスチュワート朝に変わりました。

ですから日本でも女系が誕生すると万世一系が否定され、まったく別の皇室になってしまいますから、その歴史的正当性が問われることになります。

女性宮家の最大の問題点は、女性皇族との結婚を機に、皇室とは無縁な民間人の青年が突然皇族になってしまうということです。戦前は女性皇族も天皇陛下の許可を得なければ結婚できませんでしたが、現在は本人同士のご意思が優先されます。だから女性宮家は、どんな人が皇族になるかわからない極めて危険な制度だと思います。

この点、旧宮家の方々の家柄はしっかりしているので安心できます。

次に歴史の教訓を考えてみます。歴史を振り返ると、蘇我氏や藤原氏などが皇室の中に自分の娘や孫娘を入れて、外戚として権勢を振るいました。ところが、女性宮家制度は、自分の息子を入れてしまうわけですから、大変危険な制度です。

女性天皇は理論的には可能

女性天皇は制度的、理論的には可能かもしれませんが、現実的には難しいし、あってはならないと思います。愛子さまは男系ですし、過去には十代八人の女性天皇がいらっしゃいましたから、天皇となられることは、理論的には可能です。ただし、女性天皇は無条件ではありませんでした。女性は未婚のまま、あるいは未亡人は再婚されないことが条件でした。それは女系の誕生を防ぐためです。

はたして、愛子さまが即位するときに「結婚はなさらないでください」などと言えるでしょうか。また、女性天皇は、適格な男子がいないときの一時的な例外的存在だったわけです。しかし現在は、秋篠宮殿下と悠仁殿下がいらっしゃいます。だから女性天皇の必然性がありません。さらにもし、愛子さまが天皇になられ、結婚されたとします。するとお子さまは女系皇族になります。それでも日本人は優しいですから、そのお子さんを天皇にとなってしまうことでしょう。

国会では平成二十九年に秋篠宮殿下を皇嗣とすると決めたわけです。三年前に確定したばかりなのに、わずか二年でひっくり返してしまうのは国会として不見識だし、あってはならないと思います。

それから、産経新聞の世論調査ですが、女性天皇と女系天皇の違いを理解しているかという質問に対して、理解しているというのが四十四、理解していないが五十一パーセントでした。つまり過半数は理解してないのです。これが現状です。

全国会議員のアンケート結果が『週刊朝日』に出ましたが、女系天皇容認が二十八パーセント、愛子天皇支持が二十七パーセントでした。国会議員はやはり慎重に考えているのだと思います。

皇室と密接なつながりがある旧宮家

私は、旧宮家の方々からふさわしい方々をお迎えして宮家をつくれば、安定的な皇位継承ができると思います。

旧宮家の方々は、ＧＨＱの圧力によって無理矢理臣籍降下させられた方々です。具体的には経済的な圧迫を受け、九割の財産税をかけられました。これでは皇族としてやっていけません。その方々は、現在の憲法、皇室典範の下で五ヶ月間は皇族でいらしたのです。皇位継承権も持っておられた。その方々の男系男子孫は今でもたくさんいらっしゃいます。

旧宮家の系図を見ますと、賀陽家には現在二人の二十代の男子がいらっしゃいます。久邇家は現在お一人、十歳未満の方がいらっしゃいます。東久邇家には四人から六人、十代前後の男子がいらっしゃいます。そして竹田家にも十歳以下の方が一人いらっしゃいます。つまり、現在八名から十名の二十歳代以下の若い男子がいらっしゃるということです。しかも、皇室とは親戚関係としても非常に近い。今上天皇といとこの方が東久邇家の当主です。その東久邇家には四人から六人いらっしゃるのです。

また、香淳皇后は久邇宮家のご出身ですから、現在久邇家の当主である邦昭さまと上皇陛下はいとこです。そこにもお孫さんがいらっしゃいます。

また、旧宮家と皇室は今も緊密なつながり、ご交際がありまして、即位の礼にも旧皇族の方々が参列されました。皇族のご結婚や葬儀でも旧宮家の方々がご一緒になっています。さらに、六百年間にわたって密接なつながりがあり、現在でも親接なご交際がなされている。そういう方々がいらっしゃる。

民間ご出身の妃殿下でも五年、十年経てば立派な皇族になられています。この点、旧宮家は六百年も皇族としての歴史を持った家なので、その方々が皇族になり五年、十年経てば、立派な皇族になられると思います。

その場合、その人たちが天皇になられるのではないかと心配する人がいますが、それは現実にはありえません。秋篠宮さまのあと、悠仁親王が即位されますが、この四十年

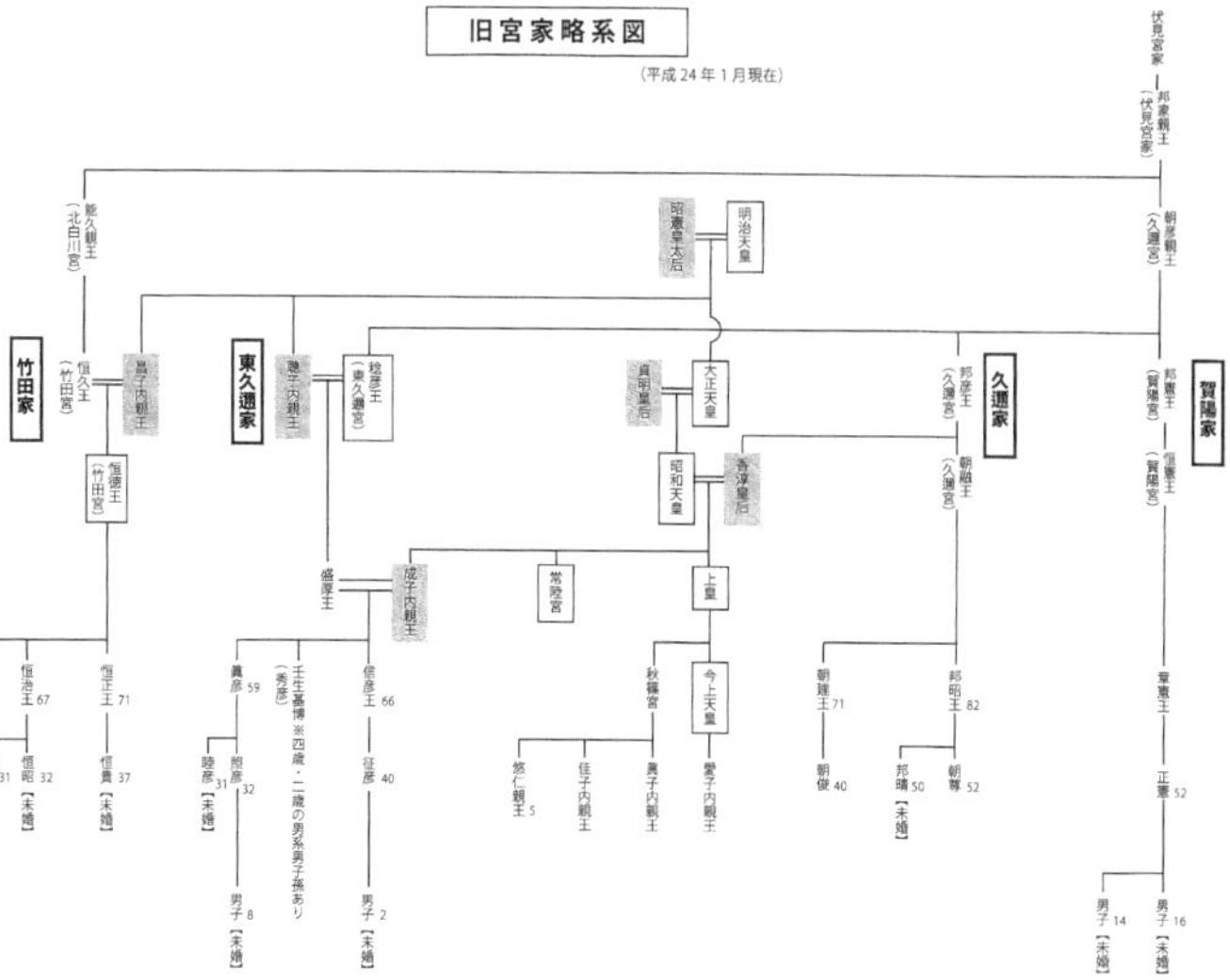

後あたりを考えてみましょう。今十歳のお子さんが皇族になるとすると、四十年後には五十歳となって立派な宮家をつくっておられるはずです。そしてその方々には次の世代も誕生しているでしょう。その方々は生まれながらの皇族です。そういう人たちが例えば四人、五人いらっしゃれば、旧四宮家に倣って四つか五つの宮家をつくっておく。すると、いざというときには皇室という柱を支えることができます。

幕末には大変なことが続きました。光格天皇から明治天皇まで四代にわたって、成長した男子はお一人という時代が続きました。いずれの天皇にも、お子さまは十名前後いらっしゃったのですが、死亡率が非常に高く、ほとんど亡くなってしまったのです。光格天皇のお子さまで成長された男子は後の仁孝天皇お一人でした。仁孝天皇にもお子さまはたくさんいらしたのですが、成長された男子は後の孝明天皇だけです。孝明天皇のお子さまも成長された男子は後の明治天皇お一人、そして明治天皇も後の大正天皇お一人でした。だから綱渡りだったのですが、四つの宮家がありましたから、いざというときには対処できたわけです。実際に、伏見宮家の親王が天皇の候補にあがったこともありました。明治天皇は、大正天皇がご病気がちでしたから心配され、万一の場合には有栖川宮家の威仁《たけひと》親王をと言われている。明治天皇は宮家を非常に大事にされ、四人の内親王は伏見宮家から分家してできたばかりの新宮家に嫁いでいるほどです。昭和天皇の内親王が東久邇家に降嫁されたのも、昭和天皇が同じように考えられたからだと思います。したがって、このような旧宮家の男系男子の方々に皇族になっていただければ、将来立派な宮家ができると思います。

女系容認派のなかには、悠仁親王のご結婚相手は男子を生まなければならないからプレッシャーがかかり可哀想だという人がいますが、新しい宮家ができていれば、プレッシャーからも解放されると思います。

このようにいくつか宮家をつくることによって、皇位の男系継承も間違いなく可能になるし、さらに皇室の活動についても十分に対応できるようになるはずです。

質疑応答

質問　一般の民間人となられた旧宮家の方々の復活を、国民に納得していただくのは、相当ハードルが高いと思います。

また、秋篠宮殿下が皇嗣となられ、その次は悠仁殿下ということが決まっているにも関わらず、愛子殿下を天皇にという声があることが不思議に思います。

百地　愛子さまはお姿が見えるので国民にとって身近な存在なのです。他方、旧宮家の方々は顔が見えませんからイメージがわかず、国民に説明するのも難しい。

女系天皇を容認した有識者会議の報告書では、旧宮家の方々は六百年も前に別れた家系で、戦後六十年間も民間人だった人びとだから、国民の理解は得られないと決めつけ、そのご存在を隠してきました。だから、政府は旧宮家の方々がいらっしゃるということを、きちんと説明してほしいと思います。そして、どちらがよいか選択肢を示してから、国民に考えてもらえばいいのです。

また、誰かわからないような人物が突然、皇室に入ってくる女性宮家でいいのかと問いかける必要もあると思います。

旧宮家の若い方々のなかには、いざとなれば男系を守らなければならないと決意を固めている方々がおられます。ただし、そのような制度もないのに、自分たちから手を挙げるわけにはいきません。

『週刊新潮』はこれまでは愛子さまを天皇にという論調だったようですが、最近は少し変わってきました。旧宮家のことを取り上げて、立派な家があると紹介するようになりました。また『女性自身』でも男系支持のコメントが増えてきました。このように週刊誌が少し変わってきたと思っています。となれば、国民世論も変わってくるのではないでしょうか

質問　愛子さまご自身は男系の女性です。ですから、もし愛子さまが旧宮家の男性と結婚したら、問題はクリアできるということでいいのでしょうか。

百地　もちろん、クリアできます。まず、その方に皇族になっていただく。わかりやすい方法は、現宮家の養子になっていただくことですが、その方が当主となって宮家をつくり、愛子さまが嫁がれるようになると思います。しかし、愛子さまが天皇になられる

のは無理でしょう。

質問　男系、女系という言い方では男女平等と混同してしまう可能性があるので、父系、母系または父方系、母方系の方と言った方がわかりやすいと思うのですがいかがでしょうか。

百地　皇室典範では男系という言葉を使っているのですが、父系や父方系と言い換えてもいいと思います。そのような工夫をして説明するのはいいアイディアだと思います。

質問　将来、悠仁殿下に男子がいなかった場合、その次に天皇になられる可能性のある男系女子として、愛子殿下、眞子殿下、佳子殿下の皇位継承順位はどうなるのでしょうか。

百地　悠仁親王が天皇になられた場合ですので、もし男系女子も可能となれば、秋篠宮家の眞子さまが一番、佳子さまが二番、愛子さまが三番になるのではないでしょうか。

しかし、そのころまで独身でいて、しかも皇族でいらっしゃらなければなりませんので、あまり現実的ではありません。

（令和元年十一月二十九日）

第六章　皇位の安定的継承のために⑥

松浦光修

男系（父系）と女系（母系）

まず申し上げておきます。私は、もう十七年も昔から「女系天皇・女性天皇・女性宮家」には、断固反対という立場を表明しております。なぜ反対なのか。その理由について、お話しさせていただきます。

まず「女系天皇」ですが、そういうものはわが国の歴史上、そもそも存在しません。「女系」というのなら、ある女性天皇が存在するだけでなく、その母親も天皇で、その母親も天皇で……という系譜が明確である場合のみ、はじめて「女系」です。そのような例は、皇室の歴史上、一切なく、たぶん諸外国にも、そのような君主制は存在しないでしょう。

ただし、わが国には女性天皇から女性天皇への継承の例が、過去に一例だけあります。奈良時代の四十三代・元明天皇から、第四十四代・元正天皇への継承です。

ただし、この場合は、お二方とも、男系の女帝です。ちなみに「男系」とは、「父系」と同じ意味で、要は、「父方をたどれば天皇」という家系のことをいいます。

細かなことは、次の資料①を御覧ください。

① 女性天皇から女性天皇への唯一の継承例

○四十三代・元明天皇（六六一年誕生―七二一年崩御）
…父は天智天皇。母は蘇我倉山田石川麻呂の娘。草壁皇子《くさかべのみこ》（天武天皇の皇子）の后。
※息子である文武天皇の求めによって即位。文武天皇の皇子・首皇子《おびとのみこ》（後の聖武天皇）の成長を待つ。

○第四十四代・元正天皇（六八〇年誕生―七四八年崩御）
…父は草壁皇子（天武天皇の皇子）。母は元明天皇。未婚女性で初の即位。生涯独身。
※母・元明天皇との約束を守り、甥の首皇子（後の聖武天皇）の成長を待つ。

要するに、天武天皇のあとの皇位継承者とされていた草壁皇子が、二十八歳という若さで亡くなられたので、一人息子の聖武天皇が成長するまで、その祖母と叔母が、間をつながれたということです。これは国史の上では、きわめて珍しい例ですが、お二方の女帝とも「父方をたどれば天皇」という方で、ここでも男系（父系）継承の原則は守られています。

つまり、「皇統」とはイコール「男系（父系）」であり、「女系（母系）」などというのは、こと皇統については、歴史上、何の実態もない現代人の〝妄想〟にすぎません。

「それでも今後は女系でいく」というのであれば、まずは「皇位継承資格者から、男性はすべて排除する」という「法律」を、新たに制定しなければならなくなるでしょう。そこまでしなければ、「女系」は、はじまりません。

ちなみに、イギリスの王朝は、男系でも女系でもありません。男系でも女系でも、どこかで血統さえつながっていればそれでいい……という非常にアバウトなもので、わが国の皇室とは全く異なる血統原理で継承されてきています。ですから、頻繁に「王朝名」が変わるのです。

例えば、「アングロ・サクソン朝」「プランタジネット朝」「ランカスタ朝」「ティーダ朝」「ステュアート朝」、そして現在の「ウィンザ朝」などです。血筋はつながっているのに、なぜ王朝の名前が変わるのか…と言うと、女王に「ムコ」が来て、その子供が継いだ時、つまり新しい男系の血統に変わった時、そこで王朝が変わったと認識されているわけで、つまり、イギリスでも「男系継承＝一王朝」と、意識されていることがわかります。

それが国際標準です。皇室は、初代・神武天皇の建国以来、男系で「万世一系」で百二十六代……、その点、万邦無比です。世界の君主制の系図のなかでも、かつての稲田朋美先生の言葉をかりれば、圧倒的に「美しい系図」といっていいでしょう。そしてその「美しい系図」は今も日々、人類の歴史の記録を更新中……です。

以上のような、男系（父系）による皇位継承の原理を、日本研究では不世出の天才といわれる『古事記伝』で有名な江戸時代の国学者・本居宣長は、さすがに、ちゃんとわかっていました。宣長は、ズバリと、いささか露骨な表現ではありますが、次の資料②のように断言しています。

② 宣長いわく、皇統は「徳」ではなく「種」
「君は本より真に貴《たっと》し。その貴きは、徳によらず、もはら種によれる」（『葛花』下つ巻）

現代の科学でいえば、初代・神武天皇の「Y染色体」の継承ということになります。そういうことを、今年、お医者さんばかり講演会で申し上げたら、講演のあと「染色体」の専門家という産婦人科の医師が私に「私は専門家ですから『Y染色体』の一言で、先生のおっしゃることは、すべて納得できました」とおっしゃいました。まぁ……、理系の方々は、そういうものらしいです。

そういう、人類の歴史の宝のような皇室を、現代の日本人の浅はかな考えで、勝手にイジって、亡ぼしたら取り返しがつきません。そんなことになったら私たちは、ある意味、建国以来のすべての先祖を〝裏切ったこと〟になり、子孫に対しても、ひいては人類に対しても、顔向けできないことになるでしょう。

過去の女性天皇は、すべて男系（父系）の女帝

ともあれ、「女系天皇」は幻です。それでは「女性天皇」は、どうか。女性天皇は、過去に「八方十代」存在します。「八方十代」というのは、御一方で二度即位されている方が二方いらっしゃるから、そういう言い方をします。

具体的には次の資料③のとおりで、いずれも男系（父系）の女性天皇です。

③　八方十代の女性天皇

―1　第三十三代・推古天皇…父は第二十九代・欽明天皇［敏達天皇未亡人］

―2　第三十五代・皇極天皇（第三十七代・斉明天皇）…父は茅渟《ちぬ》王（第三十代・敏達天皇の男系の孫）［舒明天皇未亡人］
―3　第四十一代・持統天皇…父は第三十八代・天智天皇［天武天皇未亡人］
―4　第四十三代・元明天皇…父は第三十八代・天智天皇［草壁皇子未亡人］
―5　第四十四代・元正天皇…父は草壁皇子（天武天皇の皇子）［未婚］
―6　第四十六代・孝謙天皇（第四十八代・称徳天皇）…父は第四十五代・聖武天皇［未婚］
―7　第百九代・明正天皇…父は第百八代・後水尾天皇［未婚］
―8　第百十七代・後桜町天皇…父は第百十五代・桜町天皇［未婚］

初めの四方は、すべて御自身が男系の女子で、その夫は、すべて男系男子の皇族です。そのあとの四方は未婚で即位され、いずれも生涯独身を貫かれ、即位後に婿《むこ》を取られた方など、お一方もいません。

注意すべきは、皇族の男系男子でも婿にはなってはいないということです。当然ながらその間に生まれた子もいませんし、いないのですから当然ですが、そういう人が皇位を継承した例もありません。

したがって、男系の女性天皇は、確かにいらっしゃったものの、そこには、不文の厳しい制約があったわけです。さらにいえば、女性天皇は、申し上げにくいことながら、天皇としての御本務を、すべての方が十分にお果たしになっていた、というわけではありません。

そのことは、近い時代といっても江戸時代ですが、その時代の、お二方の女性天皇の御事跡を見れば、明らかになります。明正《めいしょう》天皇は御在位中、天皇のみが行うことのできる儀式である元旦の「四方拝」、「小朝拝」を行われませんでした。

また、後桜町天皇は、その在位中「四方拝」の場は設けられたものの、出御にはなられませんでした。毎年十一月の「新嘗祭」は、当時、御所の中で行われていたのですが、それにも一貫して、出御になっていません。

怠けていらっしゃったわけではなく、体調がお悪かったわけでもないでしょう。では、なぜか？　ここで信仰という要因を、お考えいただきたいと思います。信仰には、世界のどの信仰にも「タブー」があります。

神道にも「タブー」があります。祭祀のさいは、女性ゆえに付随する〝信仰上のタブー〟

を避けなくてはなりません。それが儀式や祭祀への出御をされたくてもできなかった、あえて拝察すれば、ご遠慮された理由ではないか、と思われます。要するに、お二方の女性天皇は、皇室の信仰を大切にされるが故に、いわば気を遣われて、祭祀を御遠慮されたのではないか、と思います。

現代人は、こういう事例に対して、軽率に「差別」として否定しがちですが、これは「差別」ではありません。イスラム教徒は、豚肉を食べません。あくまでも信仰上の問題です。例えば、イスラム教徒以外の者が、それ見て「不合理だ」として無理やり食べさせたら、それは、許しがたい「宗教弾圧」でしょう。

現在の自分たちの価値観のみを絶対とし、他の価値観をもつ者に対し、自分の価値観を強制する、それこそ「宗教弾圧」です。「宗教弾圧」を行う者は、つまりは、平和の敵、人類の敵です。

人それぞれの……、民族それぞれの価値観を尊重する、それが平和への第一歩です。ましてや神代からの、わが国の信仰を、当の日本人が「宗教弾圧」してどうするのか……と、私は思います。

天皇が「国民統合の象徴」であることは「憲法」にも明記されていますが、そうであるなら、その天皇と不離不測の関係にある皇室祭祀を、政治権力によって「弾圧」してはならず、むしろ、心ある政治家の方々には、天皇と不離不測の関係にある皇室祭祀を、正しく国政上に位置づけ、正しく継承、発展させるための方策を、関係法規の改正も含め、今後、真剣に検討していただきたい、と思います。

現在の、占領下で強制された「憲法」の下では、皇室祭祀が「私的行為」と位置づけられています。陛下は、毎朝、国民の平安を祈ってくださっていますが、そのような、いわば皇室の皇室たるゆえん、日本の日本たるゆえんともいうべき皇室祭祀が、「私的行為」とは、何ごとでしょうか。

「私的行為」なら、それは個人の〝趣味・娯楽〟と同じということになります。それは、あまりにも無礼なあつかいでしょう。

この無礼な状態は、GHQの占領体制に由来しますが、それが今もそのままつづき、まったく払拭できていないのは、まずは、私たち国民の怠慢です。そして、それと同時に、その国民から選ばれた政治家の怠慢でもあります。

神代から今上陛下まで、男系（父系）継承

さて、それでは、「男系（父系）継承」とは、いつからはじまったことなのでしょうか。初代・神武天皇以来、百二十六代の今上陛下にいたるまで、「男系（父系）継承」が守られてきたことは、配布した資料の三枚目の皇室系図をみていただければ、一目瞭然です（参考資料1）。

まともな知性をもつ方で、その事実を否定する方は誰もいません。私も平成十四年以来、十数年にわたり、その事実を訴えてきましたが、その後、三～四年前、「神々の系図」を調べていくうち、じつは男系（父系）継承の原理は「神々の系図」でも貫かれているということに気づき、以後、そのことを語ったり、書いたりしていきました。

次の資料④は、『古事記』をもとに作成した「神々の系図」です。

④「神々の系図―天孫系」（『古事記』による）

イザナギの命
イザナミの命
スサノヲの命
アテマテラス大神
アメノオシホミミの命
ニニギの命

神武天皇以来、皇系は、七度の危機（Ⓐ－Ⓖ）を乗り越えて、一貫して男系で継承されている。

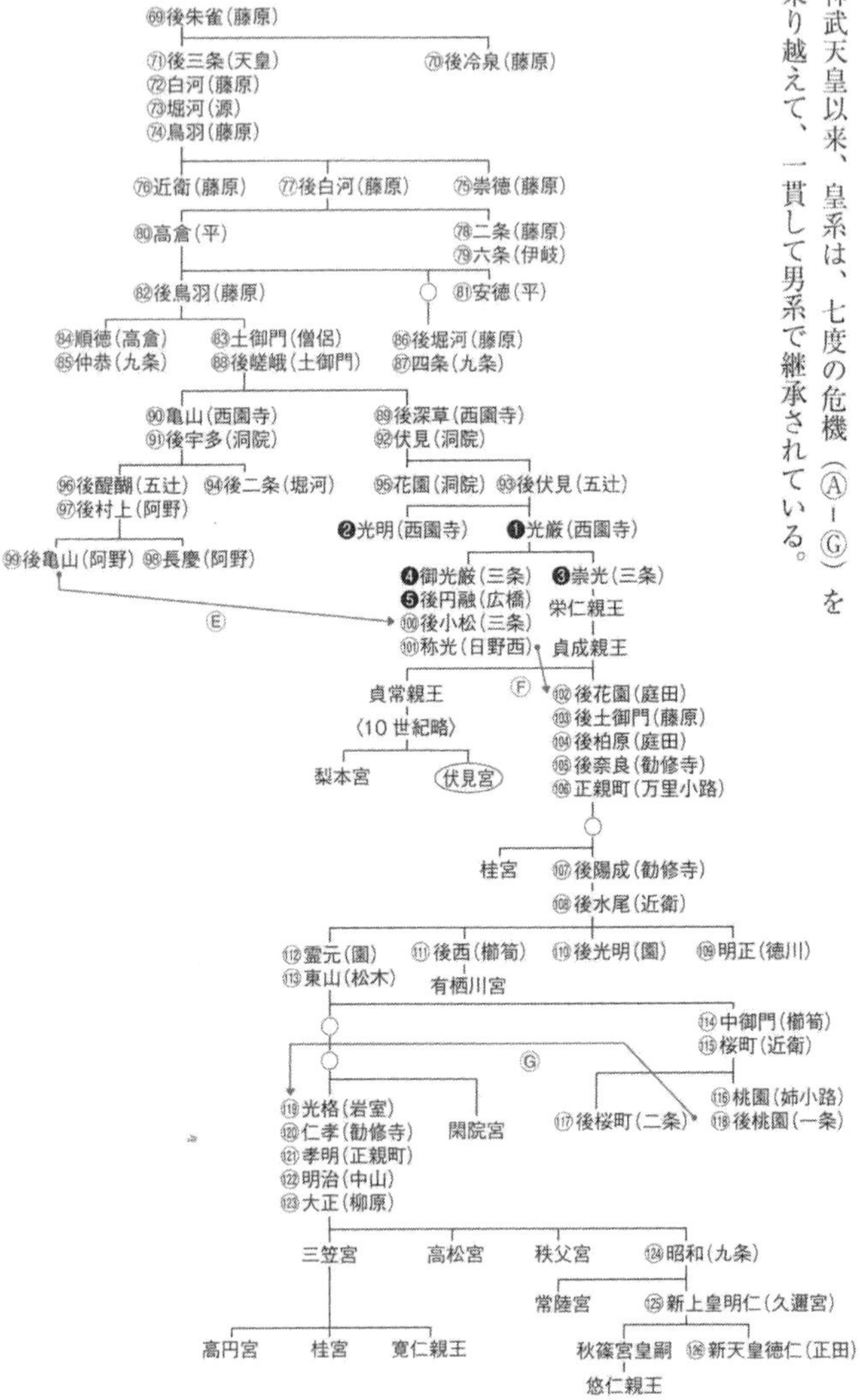

参考資料1

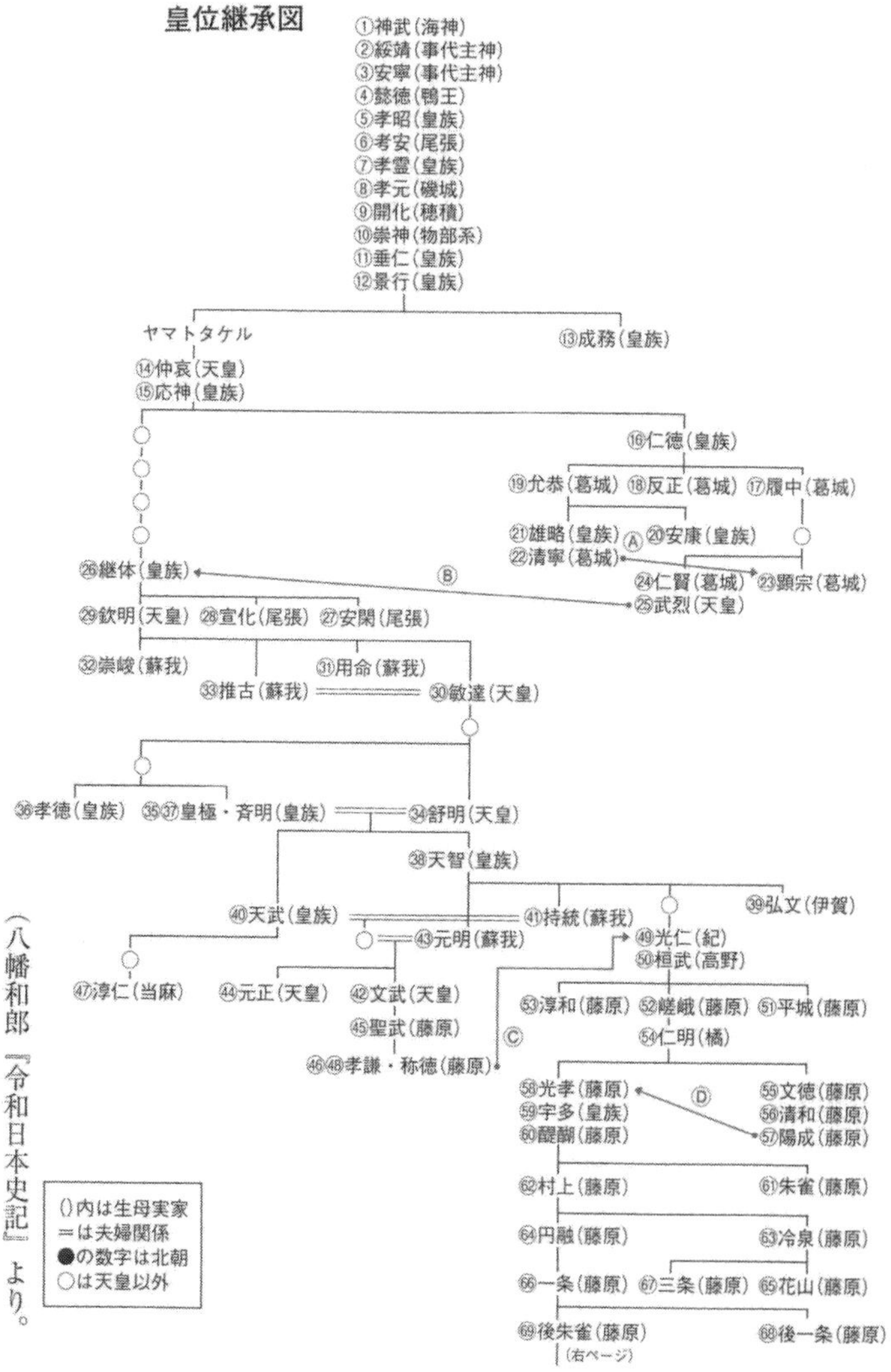

（八幡和郎『令和日本史記』より。Ⓐ－Ⓖの書き込みは松浦）

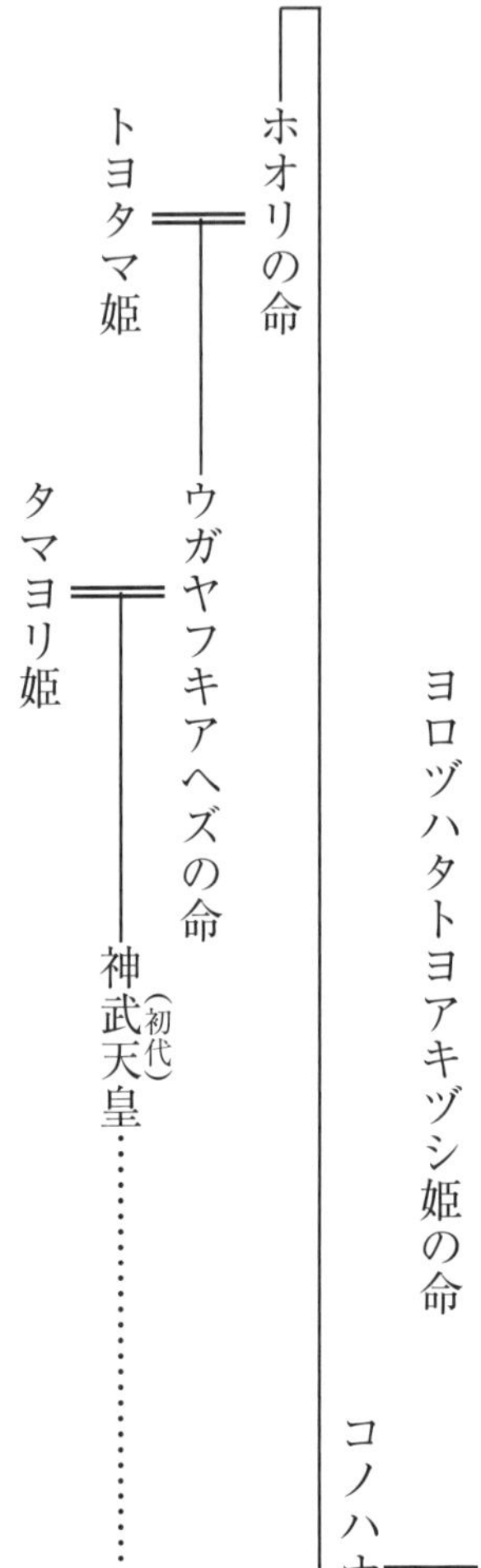

あくまで「神々の系図」ですが、イザナギの命とイザナミの命から、スサノヲの命とアマテラス大神がお生まれになり、その二柱の神から、アメノオシホミミの命がお生まれになり、そこから、ニニギの命がお生まれになり、「天孫降臨」となります。そのニニギの命から、ホオリの命、ウガヤフキアヘズの命、神武天皇へとつづき、その神武天皇から、百二十六代目が今上陛下ということで、一貫して男系（父系）で継承されています。

もしも、このような「神代」以来の皇位継承の伝統を、「改めよ」という人がいれば、その人は、明らかに「革命思想」をおもちの方と断言できます。「革命」という言葉は、近代になって、「産業革命」などという比喩的な用い方もされていますが、もともとは「王朝交代」「王朝消滅」を意味する不吉な言葉です。

「革命」は、もともとはチャイナで王朝交代を肯定する「易姓革命《えきせいかくめい》」という考え方に由来します。近代になってからは「市民革命」「共産革命」などという言葉もあられますが、それらも結局のところは、「易姓革命」と同じで、「王朝交代・王朝消滅」を目指す思想です。

ですから、「天皇制打倒」の旗を降ろさない共産党は明らかに「革命政党」で、本年十月の「即位礼正殿の儀」に欠席したのは、「革命政党」としては、まことにスジの通った行動といえます。そのさい、「中華人民共和国」は、共産党一党独裁の国家ながら、国家の代表を送っています。その意味で日本共産党の方が、〝スジが通っている〟といえるでしょう。もちろん皮肉ですが。

その日本共産党が、今年の六月、「女性・女系天皇」に賛成しています。つまり、それを実現することが「共産革命への道」であると、日本共産党はわかっているのです。「女性・女系天皇・女性宮家」が実現すれば、外堀・内堀を埋められた城と同じことで、確実に皇室は消滅し、「共産革命」が成就する、つまり、彼らは「二段階革命」の戦略を立てているのでしょう。ですから私は「女性・女系天皇・女性宮家」を推進する人々は、すべて〝共産党のお仲間〟と見ています。

旧皇族から新しい宮家を――皇位継承順位の「紊乱」招く「養子」

それでは、どうすれば、神代以来の皇統継承の原理原則を守りつつ、皇位継承を安定化させることができるか。御存じの通り、昭和二十二年十月、ＧＨＱは皇族を経済的に追いつめ、十四あった宮家のうちの十一宮家を強制的に皇籍離脱させています。

その時、皇籍離脱を強制された方々の御子孫で、正しく男系男子の血統を引いていらっしゃる方々が、現在も、たくさんいらっしゃいます。お若い方だけでも、少なくとも十名ほどはいらっしゃるようです。

しかし、お若い方にかぎる必要もないでしょう。旧皇族の男系男子の方々に御家族ごと新しい宮家を創設していただく、しかも複数創設していただきたい。私としては、できれば四家以上、創設していただければ……と思っています。それが唯一の解決策です。

なお、それが実現したあとの話になりますが、それらの宮家が、東京に集中して住まわれることは、安全保障上の観点からも避けた方がよい、と思います。たとえば、京都などに分散してお住まいいただくべきかと、思います。

どの方に創設していただくか、今は、具体的な家名はあげません。なぜ今は、具体名をあげないか、それはすでに月刊誌、週刊誌などが、そういう方々を調べはじめているようだからです。

こういう微妙で繊細な問題は、まずは、ご本人の御覚悟、そして今上陛下の思し召しと政府の決断、その三者の意思がピタリと一致し、そのあと、正式に発表されるべきものです。もしも、事前に「候補者名」が漏れれば、すぐマスコミが、その方ところへ殺到するでしょう。そして、「どうするつもりですか？」などと問いつめ、多分その御方は、「そんな気はありません」と答えになるでしょうから、瞬時に話がツブされてしまいます。新しい年号の発表と同じくらいの、慎重さが必要です。

また、「閣僚の身体検査」ではありませんが、お名前が出た瞬間に、その方の「プライバシー」にまで、ヅカヅカと踏み込むマスコミも、あらわれるはずです。その方々に、たいへんな御迷惑をおかけする結果にもなります。

ですから、私は今、私個人の考えで、具体的な「候補名」をあげる気はありません。

ですから、どうか政府には慎重に、ことを進めていただきたい、と思います。私が「新しい宮家の創設」こそが、唯一の解決策であると言っているのは、そうすれば今の皇位継承順位に、まったく変更を加えず、皇位の安定的継承が可能になるからです。

ところで、現在、「男系維持」を訴える方々のなかにも、「今、女性皇族しかいらっしゃらない宮家に、旧皇族の男系男子の方を、養子として迎えてはどうか」という案を出される方がいます。とにかく「男系維持」の伝統を守れればよい、ということでしょう。

しかし、私は反対です。もしも、そのようなかたで「養子」が可能ということになれば、皇位継承順位が、「紊乱《びんらん》」するからです。

たとえば、Aという宮家に養子に入られた方と、Bという宮家に養子に入られた方と、どう継承順位をつけるのか？　また、宮家に養子が認められるのであれば、「なぜ今上陛下や秋篠宮家には、養子が認められないのか」などという声が、必ず上がってくるでしょう。その結果、「皇位継承順位」は混乱に陥ります。まさに「紊乱」です。

すでに政府は今年（令和元年）七月、「安定的な皇位継承の検討にあたり、現在の皇位継承順位を変更しないことを前提とする」（二十七日・『読売』）と発表しています。ですから、来る四月の「立皇嗣《りつこうし》の礼」は、きわめて重要で、それによって、男系継承の伝統は微動だにしない、ということが内外に宣明されます。

したがって新しい宮家は、あくまでも現在の皇位継承順位の後につづく御存在として、いわば〝外づけ〟で創設されるべきです。明治の「皇室典範」をつくる上で、中心になった天才官僚・井上毅も、おそらくその点を心配して、明治時代、しばしば皇族間で行われていた養子を、法律で禁じたのです。旧皇室典範（明治二十二年）には、次の資料⑤のようにあります。

⑤　旧皇室典範は〝養子禁止〟

「第四十二条　皇族は養子を為すことを得ず」（旧「皇室典範」）

（「義解」）「皇族互いに男女の養子を為すことを禁ずるは、宗族紊乱《そうぞくびんらん》の門を塞《ふさ》ぐなり」。

「皇族同士なら、よいではないか」と安易に養子を認めていると、万一、皇位継承の順位が問われる事態になった場合、順位がつけがたいという事態につながりかねません。

ですから、皇位継承順位皇族が「紊乱」すると、へたをすれば、「あの方がよい」、「この方がよい」などということで、やがては人気投票のようなことがはじまりかねず、それこそ「革命勢力」につけ入るスキを与えてしまいますので、私はそれも考えて、「養子」に反対しているのです。

ただし、明治以後から「旧・皇室典範」が制定される前までは、跡継ぎのいない宮家を、別の皇族が継承することは、先ほど言ったように、ふつうに行われていました。具体的には、資料⑥のようになります。

⑥「旧・皇室典範」以前、継嗣のいない宮家を皇族が継承した例（明治時代）

—1華頂宮（明治十六年、伏見宮貞愛親王第一男子・博恭王《ひろやすおう》として継承）

—2旧閑院宮（明治五年、伏見宮邦家親王第十六男子・載仁《ことひと》親王として継承）

—3北白川道久（明治五年、伏見宮邦家親王第九男子・能久《よしひさ》親王として継承）

—4梨本宮（明治十八年、久邇宮朝彦親王第四男子・守正として継承）

ですから、養子ではなく、あくまでも新しい宮家を創設する。ただし、その宮家の名称だけは、すでに廃絶した宮家の「宮号」を継承し、その先祖の祭祀も継承することにする…それはよいと思います。

なお、「夫婦養子」という提案をされている方もいます。旧宮家の男系男子の方で、奥様や、あるいは、すでに幼い男子を授かられている方も、いらっしゃるかもしれません。そのさいは、「夫婦養子」などというややこしい方法ではなく、そのご一家ごと、皇室に復帰して、新しい宮家を立てていただけば、それでいいのではないか、と思います。

それらの新しい宮家が、そもそも十一宮家の源流である「伏見宮」など、すでに廃絶した宮家の宮号を継いでいただき、いくつもの宮家が「復古」する、そういうかたちにすれば、皇室の御理解も、世論の理解も、得やすいのではないでしょうか。

なお、新しい宮家が複数創設された場合、それらの宮家のなかでの皇位継承順位はどうなるのか、ということですが、それについては十一宮家の臣籍降下直前の皇位継承順位を参考にすればよい、と思います。旧皇室典範にもとづけば、当時の皇位継承順位は、三十一位まで決まっています（参考資料2）。

昭和22年5月2日時点での皇位継承順位は以下の通り。**※今上天皇は昭和天皇を指す**
①継宮明仁親王（皇太子、今上天皇第一皇子）
②義宮正仁親王（今上天皇第二皇子）
③秩父宮雍仁親王（今上天皇の弟、大正天皇第二皇子）
④高松宮宣仁親王（今上天皇の弟、大正天皇第三皇子）
⑤三笠宮崇仁親王（今上天皇の弟、大正天皇第三皇子）
⑥寛仁親王（今上天皇の甥、崇仁親王第一王子）
⑦伏見宮博明王（第26代伏見宮家当主、伏見宮貞愛親王〔伏見宮邦家親王第14王子・嫡出子〕の曾孫）
⑧山階宮武彦王（山階宮菊麿王の第一王子）
※伏見宮嫡系皇族がいなくなるので、伏見宮邦家親王の第一王子である山階宮晃親王（庶子）の系統へと移る。山階宮菊麿王は山階宮晃親王の第一王子（嫡出子）
⑨賀陽宮恒憲王（賀陽宮邦憲王の第一王子）
※賀陽宮邦憲王は久邇宮朝彦親王の第二王子（第一王子は夭折）、久邇宮朝彦親王は伏見宮邦家親王の第四王子（庶子）。
⑩邦寿王（賀陽宮恒憲王の第一王子）
⑪治憲王（賀陽宮恒憲王の第二王子）
⑫章憲王（賀陽宮恒憲王の第三王子）
⑬文憲王（賀陽宮恒憲王の第四王子）
⑭宗憲王（賀陽宮恒憲王の第五王子）
⑮健憲王（賀陽宮恒憲王の第六王子）
⑯久邇宮朝融王（久邇宮邦彦王の第一王子）
※久邇宮邦彦王は、久邇宮朝彦親王の第三王子。
⑰邦昭王（久邇宮朝融王の第一王子）
⑱朝建王（久邇宮朝融王の第二王子）
⑲朝宏王（久邇宮朝融王の第三王子）
⑳梨本宮守正王（久邇宮朝彦親王の第四王子）
㉑朝香宮鳩彦王（久邇宮朝彦親王の第八王子）
㉒孚彦王（朝香宮鳩彦王の第一王子）
㉓誠彦王（孚彦王の第一王子）
㉔東久邇宮稔彦王（久邇宮朝彦親王の第九王子）
㉕盛厚王（東久邇宮稔彦王の第一王子）
㉖信彦王（盛厚王の第一王子）
㉗北白川道久王（北白川宮永久王の第一王子）
※北白川宮永久王は、北白川宮成久王の第一王子。北白川宮成久王は北白川宮能久親王の第三王子（嫡出子）
㉘竹田宮恒徳王（竹田宮恒久王の第一王子）
竹田宮恒久王は、北白川宮能久親王の第一王子（庶子）
㉙恒正王（竹田宮恒徳王の第一王子）
㉚恒治王（竹田宮恒徳王の第二王子）
㉛閑院宮春仁王（閑院宮載仁親王の第二王子）
※閑院宮載仁親王の第一王子は夭折。閑院宮載仁親王は、伏見宮邦家親王の第十六王子（庶子）。

女性皇族に結婚後も「尊称」を！

最後に、御結婚後の女性皇族の方々に、御活躍いただく案について、お話しします。現在、女王様方は、御結婚後は、完全な民間人になられるということになっています。女性宮家を推進している方々のなかには、「それでは何か、もったいない」などという気持ちもあってでしょうか、何もわからないまま女性宮家を推進されている方も、いるかもしれません。

江戸時代、ある宮家が、ある一時期、女性が当主になっていた…という前例はあります（桂宮家）。しかし、それは、男性当主に皇位継承権のある現在の宮家とは、まったく性質のちがったものです。

また、その女王さまが「婿」をとってお子さまが誕生して、などという前例もありません。ですから、現在いわれている「女性宮家」は、歴史上前例のないことで、しかも「女系天皇」に直結する、つまり「革命」に直結する危険な提案なのです。

もしも皇位継承権をもつ女性宮家ができれば、そこに「婿」がくるでしょうが、その「婿」とは、誰か？　ここではあくまでも、仮にその「婿」の名を「コムロさん」とします。

「コムロさん」は結婚した瞬間から「殿下」となります。もしも、その子が天皇になれば、神代以来つづいてきた男系（父系）継承は断絶し、別の「王朝」になります。「王朝交代」です。つまり「革命」が起き、「コムロ王朝」がはじまるわけです。

その上、そのような「女性宮家」ができてしまうと、その「当主」は誰かという難題が生じます。ここも大切なところです。「養子」にしても同じ問題が生じますが、その宮家の当主は誰か……ということが、きわめて重要です。つまり、考えたくはありませんが、何事も最悪の事態を想定しておかなければなりませんから、あえて考えますが、もしも「離婚」という事態になった時、宮家を出ていくのは、どちらかということです。

仮に男性が当主なら、本物の皇族の女性が出ていき、「コムロ」という人が皇室に残ることになります。さらにその人が、どこか別の女性と再婚したらどうなるか。皇室には何の血縁もない「宮家」が生まれます。論理的に、そうなります。

ですから、「女性宮家」は、皇室の破滅につながる可能性が高いのです。皇室が破滅すれば、どうなるか？　日本は日本でなくなってしまいます。共産党や立憲民主党の方々は、そのことをよくわかっていて、あえて女性宮家を推進しようと、されているのかもしれません。

それでは、御結婚後の女性皇族方の御活躍の道はないのか？　あります。そのことも、「旧皇室典範」に明記されています。井上毅は、さすが天才官僚で、次の資料⑦を御覧ください。

⑦　旧皇室典範では結婚後の女性皇族を「名誉皇族」とすることが可能
「第四十四条　皇族女子の臣籍に嫁したる者は、皇族の列に在らず。但し、特旨《とくし》に依り、仍《なお》内親王・女王の称を有せしむることあるべし」（旧「皇室典範」）


いわば「名誉皇族」を認める規定です。御結婚後の内親王さま、女王さま方には、たとえば「皇室会議」を経て、天皇陛下から、「内親王」「女王」の称号を、あらためて贈ることができるようにする。

そうすれば、たとえば現在、神宮祭主の黒田清子さまなどは、まっ先に候補にあがるでしょうし、そうなれば上皇陛下も上皇后陛下も、天皇陛下も皇后陛下も、さぞや心強く思われるのではないでしょうか。

以上、私の考える正しい皇位継承の安定化策を申し上げました。わが国の、根幹の根幹に関わることですので、先生方には、ぜひ今回の私の話をご参考にしていただき、くれぐれも「取り返しのつかないこと」にならないよう、「後世に禍根を残す」ことのないよう、よろしくお願いいたします。

先祖のため、子孫のため、かけがえのない皇室の伝統を、お守りくださるよう、一国民として、切にお願いして、私のお話を終わらせていただきます。

質疑応答

質問　マスコミなどは旧宮家の復帰は国民が許さないと決めてつけていますし、国民も男系男子に拘ると悠仁親王殿下と結婚する女性がいるのかと心配をしています。そして、駄目な理由ばかりを重ねて女系しかないとしている。

その齟齬をしっかりと説明していかないといけないと思います。

松浦　神社界の方でも無理ではないかと最初から諦めている方がいらっしゃいますが、しっかりと説明すれば、多くの方は男系継承を続けなければならないとわかってくださいます。

質問　男系は何年続いてきたのでしょうか。神話の時代から入れていいのか、それとも二千六百年なのか二千年なのか。

二つ目は、私は跡目争いをしないための民族の本能的な知恵だと思っていますが、男系を続けてきた理由は何でしょうか。

また、宮家への養子に反対する理由は皇位継承の順位の紊乱だというのはわかるのですが、別の宮家を新設しても、やはり順位の紊乱が起こるのではないかと思うので、説得力に乏しい気がします。

次の世代がいらっしゃらない宮家に養子をとり、祭祀を継続するということは日本人の感覚にも馴染んでいると思いますが、いかがでしょうか。

また、臣籍降下前の旧宮家は皇位継承順位が決まっていたと思うのですが、今でも復帰すれば順位は決まっているのでしょうか。

松浦　もし戦前の宮家が続いていたらと仮定して順位をつけることは可能だと思いますので、戦前の順位にしたがって順位をつけていくということで基本的にはいいと思います。

男系が何年続いたかについては、神武天皇のことが関係します。戦前の日本史学は左翼の牙城でしたので、古代史専門の学者で神武天皇の実在を認めている方は数人しかいらっしゃいません。その数人のなかで、東大名誉教授の坂本太郎さんという古代史の権威の方がおっしゃるには、神武天皇は二、三世紀とのことです。なので、約二千年と考えていいと思います。

それから、なぜ男系男子なのかということですが、一つは祭りだと思います。先祖供養を考えていくと、子孫の祭りだからこそ先祖は喜ぶという感覚を、日本人は持ち続けてきたのだろうと思います。ある血筋の者の祭りしか受けないということが『古事記』などにも時々出てきます。やはり、古代に人々には神を畏れるということが大前提にあって、その神々に喜びいただくためにはこの子孫にお祭りいただくということで、男系男子が重視されてきたのだろうと思います。

質問　父方、母方といった方がわかりやすいと思うのですが、いつから男系、女系と言われるようになったのでしょうか。また、誰が男系、女系と言ったのでしょうか。

松浦　旧皇室典範から男系男子と書いています。井上毅が皇室典範をつくったとき、歴史の学者を集めて徹底的に研究した上で、皇位継承の原理は過去こうだったということで、それを言葉にしたのが男系男子という言葉だと思います。

（令和元年十二月二十日）

第七章

国体～日本という大樹を護る

大河内茂太

女性議員飛躍の会での連続講義

この本は、議員連盟「女性議員飛躍の会」（稲田朋美共同代表）での連続講義をまとめたものです。

皇位は二千年の長きにわたって、一貫して男系（父方系）で継承され、これまで一度の例外もありません。これは世界史的な奇跡です。

「女性議員こそ、皇位継承の問題に関心をもって、発信してほしい」との稲田朋美共同代表の思いから、皇位継承の安定化のためには何をすべきなのか、男系維持をどう守るのか、女系天皇も容認せざるを得ないのか、そこに論点を絞って、昨秋から年末にかけて、第一線で活躍する先生方に講義いただきました。

この貴重な記録をそのままにしていてはもったいない。一冊にまとめさせてほしいと申し出たところ、快く許可してくださった稲田共同代表、そしてご講義いただいた先生方、また「女性議員飛躍の会」会員の先生方に心からの感謝を申し上げます。

この連続講義は、昨秋、自民党史上はじめて開設された女性のための部屋「自民党女性政策推進室」（初代室長稲田朋美）にて行われたものです。

十月二十三日　八幡和郎先生
十一月一日　高森明勅先生
十一月八日　櫻井よしこ先生
十一月二十二日　所功先生
十一月二十九日　百地章先生
十二月二十日　松浦光修先生

私から各先生の内容に立ち入ることはしませんが、大きく二つに先生方の立場を分けさせていただくと、「男系維持厳守」が櫻井よしこ先生、百地章先生、松浦光修先生。「女系天皇容認」が、八幡和郎先生、高森明勅先生、所功先生ということになりそうです。

以下、私からは、負のイメージがついてしまった「国体」という言葉を再定義するとともに、なぜ男系による万世一系の皇統を護るべきなのかを、紙数の範囲内で書き留めさせていただきました。

第百二十六代今上天皇が即位

令和元年十月二十二日午後一時、新しく即位した第百二十六代今上天皇が内外に即位を宣明する「即位礼正殿の儀」が執り行われました。あいにくの雨天の中、遠路はるばる参列した外国元首や祝賀使節等から寄せられた感想が公表されていますので、いくつか紹介しておきます。

「即位の礼は、完全な沈黙の中で始まり、厳かな儀式で非常に感銘を受けた」（バチカン、モンテリーズィ枢機卿）。

「正殿の儀では、私は畏怖の念に打たれた。それは感動的で美しく、自分と妻の心に響くものであった」（ミクロネシア、パニュエロ大統領）。

「天皇陛下のご即位を寿ぐ幸なる日に、一番印象に残っていることは、突如天空から差し込んだ陽光である。朝からの雨が、天皇陛下が即位を宣明される直前に降り止み、眩いばかりの太陽の光があたりを照らし始めた。この現象が吉祥に思えてならなかった」（モンゴル、フレルスフ首相）。

他にも、沿道で祝福する国民の姿を称賛するものなど、何十人もの参列者から同様の感想が寄せられています。

言うまでもなく、日本の皇室は二千年という長い歴史を誇る（正史に従うと令和二年は二六八〇年）世界最古の王朝です。即位礼の参列者は当然そのことを知っていて、ここにまた新しい皇室の歴史が紡がれたことに感動と畏敬の念を覚えたのです。

国体の定義

皇統を二千年にわたって継承することは容易なことではありませんが、それができたのはなぜでしょう。日本の国体とは何か、国体を護るべきなのはなぜか、なぜ日本の国体は護られてきたのか、について考えてみたいと思います。

国体を辞書で調べると、一般的な定義として「国柄」と出てきます。つまり、広義には「その国らしさ」と考えて問題はないでしょう。

日本の国らしさ、つまり「国体」には、かつて確定した定義はありませんでした。幕末期、水戸学による国体論など、思想として国体を定義づける動きはありましたが、確定したものではありません。

しかし、戦前の一時期、昭和十年の「国体明徴声明」によって、天皇の地位の根拠は「天壌無窮の神勅」にあるとされ、万世一系の天皇が国を統治する日本独自の国柄と定義づけられました。また、昭和十一年の『国体の本義』では、天皇は「現人神」であり、臣民は天皇に絶対服従すべきこと等が説かれました（鹿野政直『国体論』）。

しかし、七十五年前に終戦を迎え、この意味での国体の定義は過去のものとなっています。戦後教育によって、国体という言葉には負のイメージがこびり付いているかもしれませんが、戦時中に設定された国体の定義はわずか十年ほどの短い期間だけのものだったのです。

そこで、改めて建国以来の長い歴史を貫く「国体」の普遍的な定義づけがなされるべきだと考えます。

皇統を二千年にわたって継承することは容易なことではありません。それができたのは、男系による万世一系の皇統を紡いできた「権威」と、それを支える「民の意思」があったからにほかなりません。

古代はいざしらず、何百年もの間、天皇は直接の武力を持ちませんでした。それどころか居所に城郭も持たなかったのです。畏れ多いことながら、皇室を滅ぼそうと思えばいつでもできたはずです。しかし、そうしなかったのはなぜでしょう。それは、天皇の地位と存在が、武士を含む「民の意思」であったと考えざるをえないのです。

天皇は国民宗教である神道の祭祀をつかさどっていたからとか、権力から離れて権威のみ保っていたからとか、武士にとっては錦の御旗の存在に利用価値があったからなど、理由はいくらでもつけられるでしょう。しかし、それも含めて天皇の地位と存在は民の意思だったと言えるのです。

選挙制度のない時代に、滅ぼそうと思えば容易にできた皇室が、二千年にわたって存在し続けている事実ほど、強力に民の意思を推定させるものはありません。

日本には古来より、天皇は民の幸せを祈り、民は天皇を敬愛し支えるという君主と民との紐帯（君民一体）が存在しました。

君主が民を支配し、時として対立関係にあった他の多くの国々とは違い、日本は「君民一体」の国柄です。マルクス史観に基づいて支配者と被支配者の対立構造を植えつけたい勢力があることは承知していますが、我が国に関してはあまりに多くの歴史的事実が君民一体の国柄を伝えています。

その君民一体の長い歴史の中で、時代ごとに特色ある「文化」という果実がたわわに実りました。その実りの積み重ねがナショナル・アイデンティティとしての「日本文化」に醸成されたのです。

作家の渡部昇一先生が日本文化について語った一節があります。

「ルース・ベネディクトは日本の文化を『菊と刀』で表現した。『菊』とは、本居宣長が『敷島のやまと心を人問はば朝日ににほふ山桜花』と詠んだような優しい気持ち、平安朝文学をつくったような雰囲気のことである。一方、『刀』は大和魂であり、鎌倉武士に象徴される武士道になる。したがって、大和心というのは菊派の大和心と刀派の大和心（大和魂）の二つがあることになる」。

みごとに日本文化をとらえた言葉だと思います。さらには、この二つの大和心だけではなく、東日本大震災で表れた日本人の冷静沈着、寡黙で秩序だった行動や精神性も歴史が培った日本文化の一つと言えるかもしれません。

そして、この「日本文化」は、歴史学者アーノルド・トインビーや政治学者サミュエル・ハンティントンの指摘通り、もはや「文化」の枠を超えて、世界に比類のない「文明」の一つと評価されるまでになったのです。

先ほどの即位礼正殿の儀に対する各国要人の感嘆の寄せ書きは、圧倒的な男系維持の歴史に裏打ちされた天皇の権威だけでなく、君民一体の歴史の中で生まれた、比類なき「日本文明」への畏敬の現れでもあったのに違いありません。

日本という国は、万世一系の皇統を根と幹とし、その連枝である武家、そして民を枝と葉として生い茂らせ、日本文明という果実をたわわに実らせた、樹齢二千年の巨木を思わせます。

私は、この圧倒的な男系による「皇統の歴史」（根と幹）と「君民一体」（枝と葉）、そしてそこから生じた「日本文明」（果実）の総体（巨木）が広義の国体（国柄）であると考えます。

また、日本文明は君民一体の歴史の上に実った日本文化の積み重ねであり、その君民一体は男系皇統の長い歴史が生んだ天皇の権威が基礎となっていると考えると、すべての根幹となる「男系皇統の歴史」こそが狭義の国体であると言えるでしょう。

国体を護るべき根拠

私は国柄としての国体が男系による「皇統の歴史」と「君民一体」、そして「日本文明」

にあると考えますが、その国体を護るべき根拠は何かと問われると説明はいささか困難です。「国体だから」では答えになっていないし、「世界史的に珍しい万世一系の王朝だから」でも合理的な革新主義者を納得させるには弱いでしょう。

これを説明するには保守主義とは何かを考える必要があります。

政治学者の岩田温先生は保守主義を次のように定義しています。

「国家を単に現在の行政機構といったものに限定して矮小化してはなりません。こうしたものは同世代のつながりを前提とした『水平的共同体』の中の一つの機関とみなされるべきでしょう。しかし、危機の際に『祖国』といって我々が意識している国家とは、過去、現在、未来を貫く垂直的共同体にほかなりません。人は『水平的共同体』の一機関のために死ぬことはできませんが、『垂直的共同体』を守るために、自らの生命すら犠牲にすることがあるのです。この垂直的共同体としての国家を強く意識し、守ろうとする立場を『保守主義』と呼びます」。

この定義に当てはまると、万世一系の皇統を根幹として、国民との一体という枝葉を伸ばし、日本文明という果実を実らせる「国体」は、まさに過去、現在、未来を貫く「垂直的共同体」としての国家を言い表したものと言えます。すなわち、保守の立場からは、国体は護るべきものということになるのです。

それでは、そもそも、なぜ革新主義ではなく、保守主義の立場に立つべきなのでしょうか。

一般論としてではありますが、次のように言えます。

保守主義は「人は間違うことがあるという謙虚さ」を前提とする思想です。それに対して、革新主義は「人は間違いを犯さないという傲慢さ」を前提として、理性によって制度を設計する思想です。

保守主義は「人は間違うことがある」ゆえに、独裁ではなく民主制を志向します。ところが、民主制もまたポピュリズムや衆愚政治という罠に陥ることがあります。

そこで保守主義はさらに謙虚になって、民主制に期待するよりも、歳月をかけ醸成され、歴史の風雪に耐え、淘汰されずに残った民族の道徳律や伝統的行動規範（ハイエクのいう自生的秩序）に期待するのです。

この点、近代保守主義の創始者エドマンド・バークは、フランス革命政府やその同調者が唱える「社会契約」の欺瞞性を糾弾。文明社会において古来より承継されてきた「本源的契約」は、憲法制定会議（民主制）における自由な意思や理性等により容易に締結変更できるものではないとしました。

私は、我が国において古来より承継されてきた「本源的契約」とは、男系による皇位の継承を根幹とした「国体」に他ならないと考えます。

加えて、保守主義は「人は間違うことがある」ゆえに、多様性を認めることができる寛容な思想でもあります。したがって、改革もまた保守主義の一側面なのです。

「誤解されることも多いが、保守主義とは、一切の改革を排除するような固陋な思想ではない。むしろ、改革を歓迎する思想なのだ。だが、改革の進め方は漸進的でなくてはならないと考える思想なのである」（岩田温『リベラルという病』）。

保守主義とは、まさに「伝統と創造」なのです。

反面、革新主義は「人は間違わぬゆえに」自分の理屈に沿わない考えは徹底的に排除する高慢な思想です。保守主義の謙虚さとは程遠い。そこで民主制よりも独裁、市場経済よりも計画経済、自由主義よりも全体主義を志向するのです。今では共産主義国家も計画経済を修正する傾向にありますが、独裁や全体主義の特徴は色濃く残しています。

さらに、革新主義を突き詰めると、「考え」を排除するのみならず、「人」まで徹底排除（虐殺）することになります。共産主義体制下で殺戮された人の数は第二次世界大戦の犠牲者数をはるかに上回ります。しかも戦争によって敵を倒すのではなく、自国民を虐殺したのです。

「独裁の欠くことのできない標識、独裁の必須の条件は、階級としての搾取者を暴力的に抑圧することであり、したがって、この階級に対して純粋民主主義を、すなわち平等と自由を破壊することである」（レーニン「プロレタリア革命と背教者カウツキー」）。

「目的が手段を正当化することを確信していた。われわれの最大の目的は、共産主義の全面的な勝利であった。この目的のためにはすべてが許された。ウソをつくことも、盗むことも、われわれの仕事の邪魔をし、邪魔をできるものなら、数十万、いや数百万の人間をみな殺しにしても許された。そして、こうしたことを躊躇し、迷うことは『考え過ぎ』であり、『愚かな自由主義』に敗れ、『木を見て森を見ない』連中に屈服することであった』（コンクエスト『悲しみの収穫』）。

なぜ保守主義の立場に立つべきなのか、と問いましたが、以上の説明で十分ではないでしょうか。

そして、保守主義に立つ以上は、文明社会において古来より承継されてきた「本源的契約」としての「国体」を護らなければならないのです。

男系維持の必要性

それでは、男系（父方系）による皇位の継承を維持すべき理由はなんでしょうか。

皇統は、二千年の歴史の中で、ただの一度もこの男系継承のルールを逸脱したことがありません。その圧倒的な男系維持の歴史があるからこそ、皇位の正統性が保たれ、天皇は強大な権威を有しているのであり、その権威の下に国民との紐帯が生まれ、日本文化、日本文明という果実がたわわに生ったのです。

先にみたように、「国体」は文明社会において古来より承継されてきた「本源的契約」であり、それは民主主義によっても変更できない、日本が日本でなくなるその時まで、永久に護り続けなければならないものです。

大切なことなので何度も確認しますが、日本という国は、建国以来一度も破られたことのない「男系による皇位継承」を国柄（国体）の根幹としています。つまり、男系皇統の歴史こそ（狭義の）「国体」なのです。

「男系による皇位継承」を護り抜く必要性は、ここにあります。

また、日本では女系の天皇が誕生した瞬間に「神武王朝」の皇統が途絶えると考えられています。

王朝の交代は、国や地域によって異なり、統一された定義やルールはありませんが、少なくとも日本ではそのように考えます。他の国では女系継承でも王朝が交代しないという例を挙げても理由にはなりません。

なお、西欧を見ても、おおよそ、男系の王位が途絶えたことをもって王朝が変わるとされてきました。

例えば、英国は女系継承を認めていると言いますが、実際にはテューダ朝、ステュアート朝、ハノーヴァー朝、ゴータ朝、ウィンザー朝と女系王が誕生する度に一つの王朝が滅びて、別の王朝が誕生しているのです。したがって、エリザベス女王の跡をチャールズ皇太子が継ぐと、マウントバッテン＝ウィンザー朝が誕生し、チャールズ王が一代目となります。

日本のように、二千年にわたって一つの王朝が続いている国は皆無であり、世界の奇跡です。この男系による「皇位継承の歴史」という奇跡の上に「君民の紐帯」と「日本文明」が成り立っていることを忘れてはなりません。

もし、女系天皇の誕生によって王朝が変われば、すべての基礎である神武王朝の長い皇統の歴史が終焉を迎え、正統性と権威を失い、それに基づく君民の紐帯もなくなり（誰がどこの馬の骨ともわからない男の王朝を敬うでしょうか？）、そのうち天皇制が廃止され、日本文明も雲散霧消して、名前こそ日本国のままでも、実質的には別の新しい国家が生まれる可能性が高い。まさに革新主義を旨とする左派や天皇制廃止論者にとっては理想の国家となるでしょう。

もう一点、女系を封じて男系を維持することは、皇位継承権者の際限のない拡大と紛争を防ぐという意味もあります。

女系王を容認する立場に立つと、例えばある国で、他国から嫁いできた女性が女王に即位した場合、その子供には母の出身国の王位継承権があることになります。これが国家間の紛争の火種となりうるのです。

実際に、十四世紀、フランス王シャルル四世が継嗣を残さず没すると、イギリス王エドワード三世は、自らの母がフランス王家の出身であることを理由にフランスの王位を要求しました。フランスはこれを認めず対立し、有名な「百年戦争」がはじまります。

女系継承により、際限なく王位継承者が広がる事例を、著作家の宇山卓栄氏が指摘していますので、ご紹介します。

「現在のイギリスの王位継承者は約5０００人もいます。その中には他国の王も含まれます。主な継承者とその順位の例として、ノルウェー国王ハーラル5世（第68位）、プロイセン王家家長ゲオルク・フリードリヒ・フェルディナント（第１７０位）、スウェーデン国王カール16世グスタフ（第１９２位）、デンマーク女王マルグレーテ2世（第２２１位）、ギリシャ王妃アンナ・マリア（第２３５位）、ギリシャ国王コンスタンティノス２世（第４２２位）、オランダ前女王ベアトリクス（第８１２位）、オランダ国王ウィレム・アレクサンダー（第８１３位）となっています」。

「男系家系の派生範囲は限定的であるけれども、そこに女系が加わるとその範囲は膨大になります。このような継承者の範囲拡大を防ぐため、日本皇室では、皇族女性が嫁いだ際には、皇籍を離脱させます。女系継承を認めないという皇室の原理は、天皇家の外に対しては際限のない継承者拡大を防ぐためであり、天皇家の内に対しては王朝の断絶を防ぐためにあるのです」。

国体の危機〜八月革命

先に触れたように、「国体」にはかつて確定した定義はありませんでしたが、終戦までの十年間だけ、具体的な定義が付されたことがありました（昭和十年「第一次国体明徴声明」、昭和十二年『国体の本義』）。そこでは天皇の地位が神勅に基づくものであることが明示され、天皇は現人神とされたのです。

これをもって、戦前までの天皇の地位の根拠が神勅にあった（神勅主権主義、神勅主義、天皇主権主義）と主張したのが、戦後憲法学の権威宮沢俊義教授です。そして、これが現在の通説となっています。

宮沢教授は、この考えを基礎として、ポツダム宣言受諾時に「神権主義」が「国民主権主義」に変更され、それは憲法改正の限界を踰越するが故に、法学的意味における革命が起きたとする「八月革命説」を唱えました。

宮沢教授の弟子である芦部信善教授は「八月革命説」を肯定して、次のように述べています。

「日本国憲法は、実質的には、明治憲法の改正としてではなく、新たに成立した国民主権主義に基づいて、国民が制定した民定憲法である。ただ、（明治憲法）七十三条による改正という手続きをとることによって明治憲法との間に形式的な継続性をもたせることは、実際上は便宜で適当であった」。

「八月革命説」は現在の憲法学界の通説です。しかし、この説を理論的に貫くと日本の建国は一九四五年の八月十五日となり、今上陛下は三代目ということになってしまいます。つまり、二千年を誇る皇統は七十五年前にすでに途絶えたことになるのです。三代目といえば歴史の浅い北朝鮮の金王朝と同じです。これでは天皇制廃止論者たちに恰好の理論的根拠を与えることになるでしょう。今、この突拍子もない学説を打ち消しておかないと、必ず将来に禍根を残すことになります。

この点、作家の竹田恒泰先生は次のように指摘しています。

「少なくとも帝国憲法は天皇の地位の根拠が神に由来するとは記しておらず、むしろ、歴史に由来すると明記しているのである（大日本帝国憲法発布勅語）」。

「天皇の地位の根拠を歴史的事実に求める見解は、戦前の憲法学では通説とされていただけでなく、国家の公式な統一見解であった」。

「戦前において、憲法学界では天皇を神とする意見は皆無に近く、天皇は神ではないとの見解が通説だった」。

「神勅主権主義、神権主義は、正当な憲法改正ないし制定手続きを経て、あるいは、憲法学の議論を経て確立された根本建前ではなく、帝国憲法発布から日本国憲法公布までの58年に及ぶ帝国憲法体制の最後の10年の間に、戦時内閣によって作り上げられた政府の方針に過ぎず、言うなれば学問的には相容れない誤った政府見解（いわゆる『解釈改憲』の失敗）だったというべきであろう」。

「天皇の地位が神に由来するという主張は、戦前は支持されない見解であったところ、ポツダム宣言を受諾した後に、論理的根拠もなく俄に主張されることになった見解であって、とても学問的とは言い難い主張である」。

これはつまり、宮沢教授が基礎とした「神勅主義」を否定して、明治憲法と日本国憲法は形式上も理論上も連続性がある故に、法学的意味における革命はなかったという立場です。

「なぜ、祈りを通じて国を治める天皇の統治を『シラス』というのであろうか。それは、天皇が国や民のことを知らなければ祈りようがなく、天皇が広く国と民の事情を知ることが、天皇の統治の大前提となるからである」。

「そして、慶應四年（一八六八）に発せられた『五箇条の御誓文』に『広ク会議ヲ興シ万機公論ニ決スベシ』とあるのも、国の政治は広く議論を経て決めるべきであるという、天皇の統治の考えを実行しようとする試みであった」。

「従って、議会制民主主義が高度に進化することは、天皇の統治の原理に合致すると言える」。

「よって、『シラス』という天皇の統治と、日本における民主主義は、決して相反するものではなく、今や民主主義は天皇の統治を実現するための不可欠の手段であるといっても差し支えないであろう」（竹田恒泰『天皇は本当にただの象徴に堕ちたのか』）。

この竹田先生の論文に対して、慶應義塾大学の小林節名誉教授が論評した文章がありますので、次に紹介しておきます。

「戦後日本の憲法学では、天皇というものについて真面目に論じてこなかった。われわれプロの憲法学者は、宮沢俊義先生（東京大学名誉教授）による『八月革命説』を絶対に正しいと考えてきました。思考停止していたといってもいい。ところが竹田君は八月革命説は無理があるという。最初は驚きましたが、彼と議論を重ねるうちに、細目や用語の問題はともかく、本筋において竹田君のいうことは正しいと思うようになりました」。

「確かに、明治憲法下で天皇は統治権の総覧者とされ、軍の統帥権も持っていたけれども、実際には国務大臣や重臣など然るべき立場の人の輔弼を受けており、自ら政治に介入しようとしたことはなかった。すなわち明治憲法下でも天皇は形式上の権威者であって、権威の背後には国民の意志があった。そういう意味では戦前から日本は国民主権であったともいえます」。

男系皇統を護り続けた歴史

長い日本の歴史の中で、国体が危機に陥ったことが何度かありました。ある時は奸臣の皇位簒奪の野望をすんでのところで防いだこともありました（宇佐八幡宮神託事件）。しかし、もっとも多かった危機は、男系継嗣途絶の危機です。このような時、古代においては遠く男系子孫を探し出し、中世においては宮家を創設することによって、ようやく皇統をつないで危機を克服してきたのです。

いくつか例を挙げます。

①第二十二代清寧天皇から六親等離れた第二十三代顕宗天皇
②第二十五代武烈天皇から十親等離れた第二十六代継体天皇
③第四十八代称徳天皇から九親等離れた第四十九代光仁天皇
④第百一代称光天皇から八親等離れた第百二代後花園天皇
⑤第百十八代後桃園天皇から七親等離れた第百十九代光格天皇

なお、歴史上、宮家出身の皇族が皇統を継いだ例は次の三例です。1．伏見宮家から御花園天皇、2．有栖川宮家から後西天皇、3．閑院宮家から光格天皇。

また、歴史上八名おられる女性天皇も男系皇統を護った方々といえます。

第三十三代推古天皇　父は第二十九代欽明天皇故に男系。
第三十五代皇極天皇＝第三十七代斉明天皇　父は茅渟王（第三十代敏達天皇の男系孫）故に男系。
第四十一代持統天皇　父は第三十八代天智天皇故に男系。
第四十三代元明天皇　父は第三十八代天智天皇故に男系。
第四十四代元正天皇　父は草壁皇子（第四十代天武天皇の皇子）故に男系。
第四十六代孝謙天皇　父は第四十五代聖武天皇故に男系。

第百九代明正天皇　父は第百八代後水尾天皇故に男系。

第百十七代後桜町天皇　父は第百十五代桜町天皇故に男系。

このように歴代の八名の女性天皇はすべて男系です。女性天皇が婿を取って、生まれた子が天皇になると、それが男性であろうと女性であろうと、「女系天皇」となりますが、このような例は我が国の歴史上一度もありません。

第四十三代元明天皇以降の女性天皇はすべて生涯独身を通され、男系による皇位継承を護られました。それ以前の女性天皇は皇后や妃でしたが、男系を維持するための中継ぎとして即位しています。そして、即位後に婿をとった例は一度もありません。

つまり、歴代の女性天皇は「女系天皇」の可能性を摘むために、即位後は結婚しないのが伝統であり、今後、女性天皇が即位した場合でも、その方は間違いなくこの伝統を守られるでしょう。

愛子内親王殿下を天皇にと主張する方々は、このことをご存じなのでしょうか。

歴史上、女性天皇は存在していたのですから、愛子内親王殿下が女性天皇に即位することは可能ですが、その場合、内親王殿下が伝統にのっとり結婚しないことを世論は許すでしょうか。また、万が一、ご結婚されてお子様をもうけた場合、そのお子様に皇位継承権がないことを世論は受け入れるでしょうか。私は困難だと思います。そうなると世論に押されて女系天皇が実現してしまう可能性を払拭できません。将来に禍根を残さないためにも、現時点で女性天皇を積極的に論じるのはやめたほうがよいと考えます。

かつて「天皇制廃止」を訴えていた左翼陣営は、「女性・女系天皇」の擁立こそが「天皇制廃止」への近道であるとしっかり認識しています。

一例として、宮沢俊義教授の弟子で、九条の会の呼びかけ人の一人である奥平康弘教授は、代表的な左翼誌「世界」（平成十六年八月号）に次のような文章を残しています（松浦光修『永遠なる日本のために』参照）。

「（女帝を容認すると）男系男子により皇胤が乱れなく連盟と続いて来た、そのことに覆うべからざる亀裂が入ることになる。『いや、私たちは、女帝を導入して天皇制を救い、天皇制という伝統を守るのです』と弁明するだろう。だが、そんな万世一系から外れた制度を容認する施策は、いかなる伝統的根拠も持ち得ないのである」。

このような恐ろしい思惑を秘しながら、女性・女系天皇を推進し、国体を骨抜きにした上で、その先に、いまだ共産革命を夢見る勢力があることに最大限の警戒が必要です。

旧宮家の復活

男系による皇位継承を護る方法については、昭和二十二年十月十四日に皇籍を離脱した旧宮家の方々の皇籍復帰が有力に唱えられています。この点については各先生の章に詳しいので、私からは主に事実関係と政府の検討状況を記しておきます。

まず、臣籍降下した旧皇族が皇籍復帰した例が歴史上あるのかどうかですが、第五十九代宇多天皇の例があります。第五十八代光孝天皇の子供はすべて臣籍降下していましたが、光孝天皇の崩御直前に第七皇子の源定省が皇籍に復帰、その翌日に立太子して宇多天皇になっています。したがって、前例がないから旧皇族は復帰できないという批判は封じることができるでしょう。

また、旧宮家に関する詳細については、令和二年二月十九日衆議院予算委員会での藤田文武委員（日本維新の会）に対する政府答弁を紹介しておきます。

委員：そもそも旧宮家とはなにか。そしてどのような方がおられるのか。

宮内庁次長：宮家は法定の制度ではなく、独立して一家を成す皇族に対する一般的な呼称であり、いわゆる旧皇族とは昭和22年10月14日に皇室典範の規定に基づいて皇籍を離脱した方々と承知している。具体的には、山階宮、賀陽宮、久邇宮、梨本宮、朝香宮、東久邇宮、竹田宮、北白川宮、伏見宮、閑院宮、東伏見宮の11宮家51方である。

委員：旧宮家の方々と現在の皇室は多くの親戚関係があるが、これは事実か。

宮内庁次長：上皇陛下と久爾宮家との関係は、上皇陛下のお母様であり大正13年に昭和天皇とご結婚された香淳皇后が久邇宮邦彦王のお子様であられ、上皇陛下と邦彦王のお孫様である久邇邦昭様とはいとこの関係にある。

上皇陛下と東久邇宮家との関係は、上皇陛下のお姉様である成子内親王は昭和18年に東久邇宮盛厚王とご結婚され、そのお子様である東久邇宮信彦様は、天皇陛下のいとこにあたる。

明治天皇と竹田宮家との関係は、明治天皇のお子様である昌子内親王が明治41年に竹田宮恒久王とご結婚されている。

また、東久邇宮家については、明治天皇のお子様である聡子内親王が大正4年に東久邇宮稔彦王とご結婚されている。

委員：現在でも皇族の方々は、旧宮家の方々と多く交流を持たれていると聞く。たとえば「菊栄親睦会」はどのような会か、また宮内庁が「菊栄親睦会」のお世話を一部していると聞くが事実か。

宮内庁次長：「菊栄親睦会」は秋篠宮皇嗣同妃両殿下をはじめとする成年の皇族方、そして昭和22年に皇族の身分を離れた方の内、当主の系統にある方及び配偶者。そしてそれ以降に皇族の身分を離れた方及び配偶者を会員とする、任意団体としての親睦会である。

宮内庁は皇族方の公私にわたるお世話をしているので、同会のお手伝いをしている。

これらの質疑応答からは、旧皇族と皇室との関係の濃さ、また皇籍離脱後も旧皇族が皇室と親しく交流していることがわかります。

また、政府の最新の動きについては、女性・女系天皇と、男系維持に向けた旧宮家（旧皇族）の皇籍復帰の是非を軸に、十人以上から聴取する非公式の識者ヒアリングを終えたことが明らかになっています。結婚後も女性皇族が皇室に残る「女性宮家」の創設を含め、今後は論点整理に着手するとのことです（令和二年五月九日共同通信）。

なお、旧皇族（十一宮家）はすべて伏見宮家の系統ですが、初代当主伏見宮栄仁親王は六百年以上前の人物です。先ほど遠く男系子孫を探し出して、ようやく皇統の危機を脱した例を挙げましたが、その諸例をはるかに凌駕する親等の遠さです。

この点、親等の遠さは皇位継承の障害とならないことは承知していますが、皇室ですら難しい男系維持を、果たして旧宮家も護り通しているのか、まことに不敬ながら素朴な疑問が生じたため、皇學館大學の松浦光修先生に問い合わせたところ、以下の回答をいただきました。

「ご安心ください。戦前のすべての宮家の源流となった伏見宮家は男系で継承されています。あとの宮家は、廃絶したら、その時その時の天皇の男系男子の皇子が跡を継がれています。ですから血統の遠い、近いはあるものの、戦前のすべての宮家が、父方をたどれば神武天皇であることは間違いありません。その事実は女系・女性天皇論者の方々でさえ、誰も否定されている方はいないはずです」。

そもそも宮家は男系による皇位継承を維持するために存在しているのだから、これは当然のことでありました。謹んで不明を恥じる次第です。

天皇、皇族のご意向

日本国憲法第四条に「天皇は、この憲法の定める国事に関する行為のみを行い、国政に関する権能を有しない」と規定されているため、天皇の政治的発言は認められません。したがって、天皇の「女性天皇、女系天皇」についてのご意向は不明です。

皇族に関しても憲法第四条の規定が及んでいると解釈されており、皇族もそれを遵守しているため、皇位継承問題についてのご意向は不明です。

ただ、ヒゲの殿下で有名だった寛仁親王殿下は、私見と断ったうえで、明確に女系天皇に反対し、旧皇族の皇籍復帰を求めておられました。

旧皇族、親族のご意向

旧皇族については、皇籍復帰に関するご当事者であるため、コメントを差し控えることで意思統一しているとのこと。したがって、女系天皇についてのご意向は不明ですが、旧皇族で作家の竹田恒泰先生は明確に女系天皇に反対しており、旧宮家の皇籍復帰に関しても多数発信しておられますので、御著書等を当たってみてください。

では、皇族、旧皇族以外の親族はどのようなご意見をお持ちなのでしょうか。上皇陛下のいとこにあたられる本願寺法主、本願寺文化興隆財団理事長の大谷暢順台下にお願いして貴重なご寄稿をいただきましたので、次にご紹介します。

旧宮家の皇籍復帰を

「皇室の永続と男系継承を安定的に維持するには戦後、ＧＨＱが廃絶した十一宮家の皇籍復帰とともに、それによる男系の皇位継承権者を拡げるのが私の持論です。現在、宮家は四家ありますが、秋篠宮家を除いて男子の継承者がおられないため、現在の皇室典範では途絶える可能性が高い。

古来、宮家は男系の皇位継承を維持するために存在する「皇室の藩屛」と言われてきました。傍系も含めて、幅広く男系の皇位継承者を確保する目的のために宮家は存在し、必要とされてきたのです。

旧宮家と言う分家の皇位継承を認めなければ、唯一無二の世界に誇る我国の崇高な皇統はやせ細るばかりです。

また、皇室や宮家から降嫁された旧華族から、再び皇室に御后をお迎えする為、公爵、候爵を復活させるのも裾野を広げる一案ではありますまいか。

いずれにせよ、旧宮家の皇籍復帰等、皇室の安寧と弥栄の為の議論を国家挙げて尽くすべきです」。

皇位継承を理解するための四つの論点

私は地方議員時代、『歴代天皇で読む日本の正史』『皇位継承辞典』『女性天皇とその歴史』などの著者である吉重丈夫先生を講師に迎え、三年にわたって歴代天皇お一人お一人を丁寧にご講義いただくという、気が遠くなるような勉強会を開催しました。その時に足繁く講義に出席いただいたのが谷田川先生でした。

谷田川先生は令和二年三月に竹田恒泰先生と共著で『「女性天皇」と「女系天皇」はどう違うのか』（ＰＨＰ研究所）を出版されたばかりです。論点がわかりやすく網羅されている素晴らしい入門書ですので、ぜひ手に取ってご一読ください。

お世話になった谷田川惣先生にお願いして、皇位継承の安定化についてコメントをいただきました。

「皇位継承論を理解するための4つの論点」

政治の舞台を中心にこれから注目されるだろう皇位継承論について、重要な次の四つの論点に整理して考えてみたい。①血統原理を維持するかどうか②皇位継承と相続を区別する③男女平等をどう考えるか④従来通り続けられるか、である。

昨今言われている女系天皇容認論の〝女系〟とは正確にいうと女系ではない。男系とは父方だけをさかのぼると初代の天皇にたどり着く血筋である。一方の女系とは母方だけをさかのぼると初代天皇にたどり着く血筋のことだが、そのような血筋は存在しない。いわゆる女系天皇とは正確な表現ではなく、正しく述べるなら男系でも女系でもない天皇となる。

したがって、女系天皇容認の是非とは、男系継承を続けるか、続けないかということであり、それは血統原理を守るか、放棄するかという議論に集約されるのである。天皇の正統性は血統により担保されてきたのであり、その血統原理を放棄するということは、正統性を打ち消し、皇室を特別な存在から庶民に埋没させるということにはなるまいか。

また、「血統」と「血縁」を混同しているケースも数多く見られる。それを象徴するのが、「女子だからという理由で愛子さまが天皇になれないのはお可哀想」という意見だ。これは皇位継承と相続を混同した見解であると言わなくてはいけない。家の相続の場合、財産などは〝私ごと〟なので、なるべく近親者に継がせたいと思うのが人情である。娘がいるのに甥っ子に全財産を譲るなどということは通常起こりえない。ましてや娘を差し置いて五親等も六親等も離れた親戚に自分の財産を譲るなどということは特別な事情がない限りあり得ないだろう。私ごとである相続は血縁関係の近い人が優先される。

一方で皇位継承は私ごとではなく完全なる〝公〟であり、血縁よりも血統が重視されることから、歴史的にも内親王（娘）だけが生まれた場合、傍系の男子が即位することで皇統をつないできた。血統だけではなく血縁だけを見て愛子さまがお可哀想と言うのは、まさに公の存在である皇室を私ごととして捉えてしまっているのである。公である皇室を私ごとにしてしまえば、前述のとおり皇室を庶民に埋没させることにつながる。そこで正統性が崩れた皇室に、人権論を提起すれば、皇族にだけ人権が制限されていることが〝可哀想〟となる。それを解決するには皇室を廃絶しかなくなる。

人権論とあわせてよく出てくるのが男女平等論であるが、これを皇室に当てはめるのは根本的に間違っている。私は男女平等ということを非常に重要であると考える立場であるが、それは権利が平等に与えられるという大前提のもとに成り立つ論理である。例えば、国家資格であったり就職であったり、個人の能力や努力で達成できるものについては男女で差があってはならないと考える。しかし、そもそも天皇というのは能力や努力で就ける地位ではない。平等に反する概念である世襲によることが憲法に定められている。つまり男女平等という概念の外にあるのが皇室なのだ。フェミニズムが進んでいると言われる欧米で、ローマ教皇に男性だけがなれるのはおかしいという意見が出てこないのと同じで、そもそも男女平等概念の外にあると認識されているのである。

しかし、そうは言っても男子が少なくなり男系継承が続けられなくなればどうするのかという意見もある。側室制度のない現代の一夫一婦制では男系継承が続けられないという誤解がそういった見解を支えている。

現在の皇室で男子が少なくなったのは、戦後すぐに一一宮家が皇籍離脱したことにより、昭和天皇の弟である三宮家だけとなり、その状況下で九人連続女子が誕生するという事態が発生したからだ。九人連続で女子が誕生するというのも0・2%という希有な出来事だが、それでも四~五の宮家があれば状況はまったく違っていただろう。

多妻制であったからこれまで男系継承が維持できたというのは事実誤認であり、かつては乳幼児死亡率が高かったという背景があった。比較的最近でも明治天皇は複数のお妃との間に一五人のお子がおられたが、成人したのは男子が後の大正天皇お一人、女子は四人だけ。こうった現実があった。医療の発展により現在のような乳幼児死亡率であれば男子不在のリスクは複数の宮家でカバーできる。

終戦直後に皇籍離脱した旧宮家から何人か皇室に戻っていただき、宮家を増やすことでこれまでどおり男系による皇位継承を続けていくべきではないか。具体的にどうするのかという点については、女性皇族だけで将来的になくなる宮家に旧宮家から養子（猶子）を迎えて後を継いでいただく方法もある。この方法は養子を受け入れる側と養子に入る側という当事者の合意のみで成立することから、若干の皇室典範の改正以外に政治の場で何かを決定する必要はない。政治問題化させずに解決することの意味は大きい。

現存する世界の王室で日本の皇室は突出して歴史が古い。皇室が二千年以上続いているのは世界レベルの奇跡である。今後、千年、二千年皇室を続けたいのであれば、この実績から解決策を模索するべきではないだろうか。これまでの皇位継承のあり方を続ける方法はまだあるにもかかわらず、安直な方法を選べば必ず安直な結果しか待っていない。必死の思いで次世代に引き継ぐことで、子孫もまた伝統を受け継ぐ重みを強く認識するだろう。子孫たちもまた二千年以上続く父子一系の皇統を受け継ぐ権利を有している。その権利をたまたま現代に生きる人間だけで勝手に奪っていいものか、多くの人たちに今一度立ち止まって考えてもらいたい。

最後に

谷田川先生の最後の言葉にすべてが集約されているように思います。

私からは、その共通の思いを、「国体」と「保守主義」という言葉で理論づけようと試みて、縷々説明させていただきました。拙い文章でうまく伝わらない部分もあったかと思いますが、そこは何卒ご容赦ください。

バークが言う、民主主義によっても変更不可能な「本源的契約」とは、日本においては男系による皇統継承に他なりません。

その万世一系の皇統の上に、君民一体の枝葉が繁り、日本文化という果実が実っている。それはハンティントンらが指摘するように日本文明にまで高められたのです。

この日本文明を先人から引き継ぎ、未来へ護り繋いでいくことは、今を生きる我々の責務だと思います。

より多くの皆様にこの思いを伝え、共感していただき、同志の輪が広がることを願ってやみません。

執筆者略歴

八幡和郎（作家、評論家、徳島文理大学大学院教授）

昭和26年滋賀県大津市生まれ。東京大学法学部卒業。通商産業省北西アジア課長、大臣官房情報管理課長、国土庁長官官房参事官などを歴任。在職中フランス国立行政学院（ＥＮＡ）に留学。徳島文理大学大学院教授。著書は百四十冊を超える。

高森明勅（神道学者、皇室研究者、日本文化総合研究所代表）

昭和32年岡山県生まれ。國學院大學文学部卒業。同大学院博士課程（神道学専攻）。拓殖大学客員教授、防衛省統合幕僚学校「国家観・歴史観」講座担当などを歴任。大嘗祭の研究で神道宗教学会奨励賞を受ける。小泉内閣当時「皇室典範に関する有識者会議」のヒアリングに応じる。日本文化総合研究所代表、神道宗教学会理事、國學院大學講師。著書多数。

櫻井よしこ（ジャーナリスト）

ベトナム生まれ。ハワイ州立大学歴史学部卒業。「クリスチャン・サイエンス・モニター」紙東京支局員、アジア新聞財団「DEPTHNEWS」記者、同東京支局長、日本テレビ・ニュースキャスターを経て、フリー・ジャーナリスト。平成7年第26回大宅壮一ノンフィクション賞、平成10年第46回菊池寛賞。平成23年第26回正論大賞受賞。平成19年「国家基本問題研究所」理事長。平成23年民間憲法臨調代表。著書多数。

所功（法学博士、京都産業大学名誉教授）

昭和16年岐阜県生まれ。名古屋大学大学院修士課程卒業。文部省教科書調査官、京都産業大学教授を経て、現在、京都産業大学名誉教授、モラロジー研究所（今年4月から客員）教授、麗澤大学客員教授、皇學館大学招聘教授。著書多数。

百地章（法学博士、国士舘大学特任教授）

昭和21年静岡県生まれ。京都大学大学院法学研究科修士課程修了。愛媛大学教授、日本大学教授を経て国士舘大学特任教授。日本大学名誉教授。民間憲法臨調事務局長。「美しい日本の憲法をつくる国民の会」幹事長。著書多数。

松浦光修（神道学博士、皇學館大学文学部国史学科教授）

昭和34年熊本市生まれ。皇學館大学文学部卒業。同大学大学院博士課程。日本思想史の研究、歴史、文学、宗教、教育、社会に関する評論、随筆など、著書多数。

大河内茂太（稲田朋美事務所、元宝塚市議会議員）

昭和45年大阪生まれ、宝塚に育つ。早稲田大学政治経済学部卒業。会社員、衆議院議員秘書を経て、平成23年宝塚市議会議員2位当選、平成27年宝塚市議会議員1位当選。元自民党宝塚市支部幹事長。平成30年より稲田朋美事務所。建築士。

皇位継承
論点整理と提言

令和二年六月四日　第一刷発行
令和二年九月九日　第二刷発行

編者　女性議員飛躍の会

発行人　荒岩　宏奨
発行　展転社
〒101-0051 東京都千代田区神田神保町2-46-402
TEL　〇三（五三一四）九四七〇
FAX　〇三（五三一四）九四八〇
振替〇〇一四〇―六―七九九九二
印刷製本　中央精版印刷

ISBN978-4-88656-506-8